軍と兵士のローマ帝国

井上文則
Fuminori Inoue

岩波新書
1967

目　次

目　次

序章　凱旋門とサトクリフとイエス
——ローマ帝国と軍隊

ティトゥス帝の凱旋門の内側浮彫

戦勝を讃える都のモニュメント

イタリア共和国の首都ローマは、かつて地中海周辺の広大な領土を五〇〇年近くにわたって支配したローマ帝国(前二七〜後四七六年)発祥の地であり、その都でもあった。ローマ帝国の領土は、紀元後二世紀のその最盛期において、アジア、ヨーロッパ、アフリカの三大陸にまたがり、東はユーフラテス川、西は大西洋、北はブリテン島北部、南はサハラ砂漠に及んでいた。(図0-1)。

現在、ローマ市の中心部は、「ローマ歴史地区、教皇領とサン・パオロ・フオーリ・レ・ムーラ大聖堂」としてユネスコの世界遺産に登録されている。そして、歴史地区には、多くのローマ時代の遺跡が点在する(図0-2)。コロッセオ、フォロ・ロマーノ、コンスタンティヌス帝の凱旋門、パンテオン、アウレリアヌス帝の城壁、トラヤヌス帝の記念柱、カラカラ浴場などが、そのうちよく知られたものであろう。しかし、これらの遺跡の多くが、実は戦争と関わっているのをご存じだろうか。

凱旋門は、その代表である。凱旋門は三つ残っており、古い順にティトゥス帝(在位七九〜八一年)、セプティミウス・セウェルス帝(在位一九三〜二一一年)、コンスタンティヌス帝(在位三〇

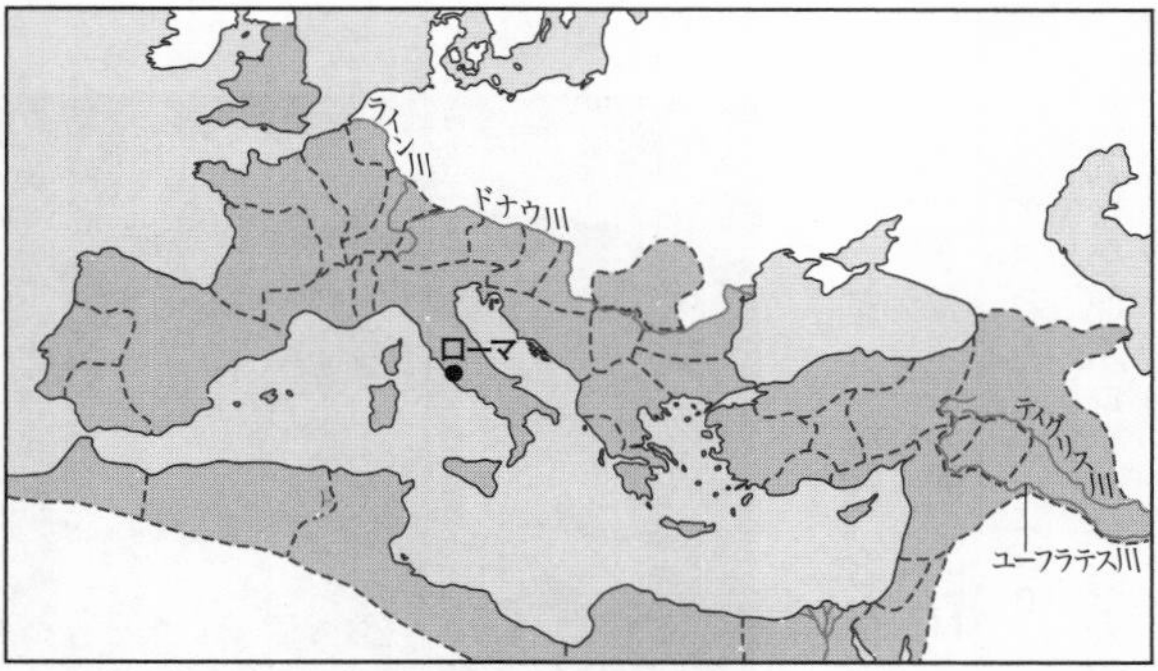

図 0-1　トラヤヌス帝時代(後 2 世紀)のローマ帝国

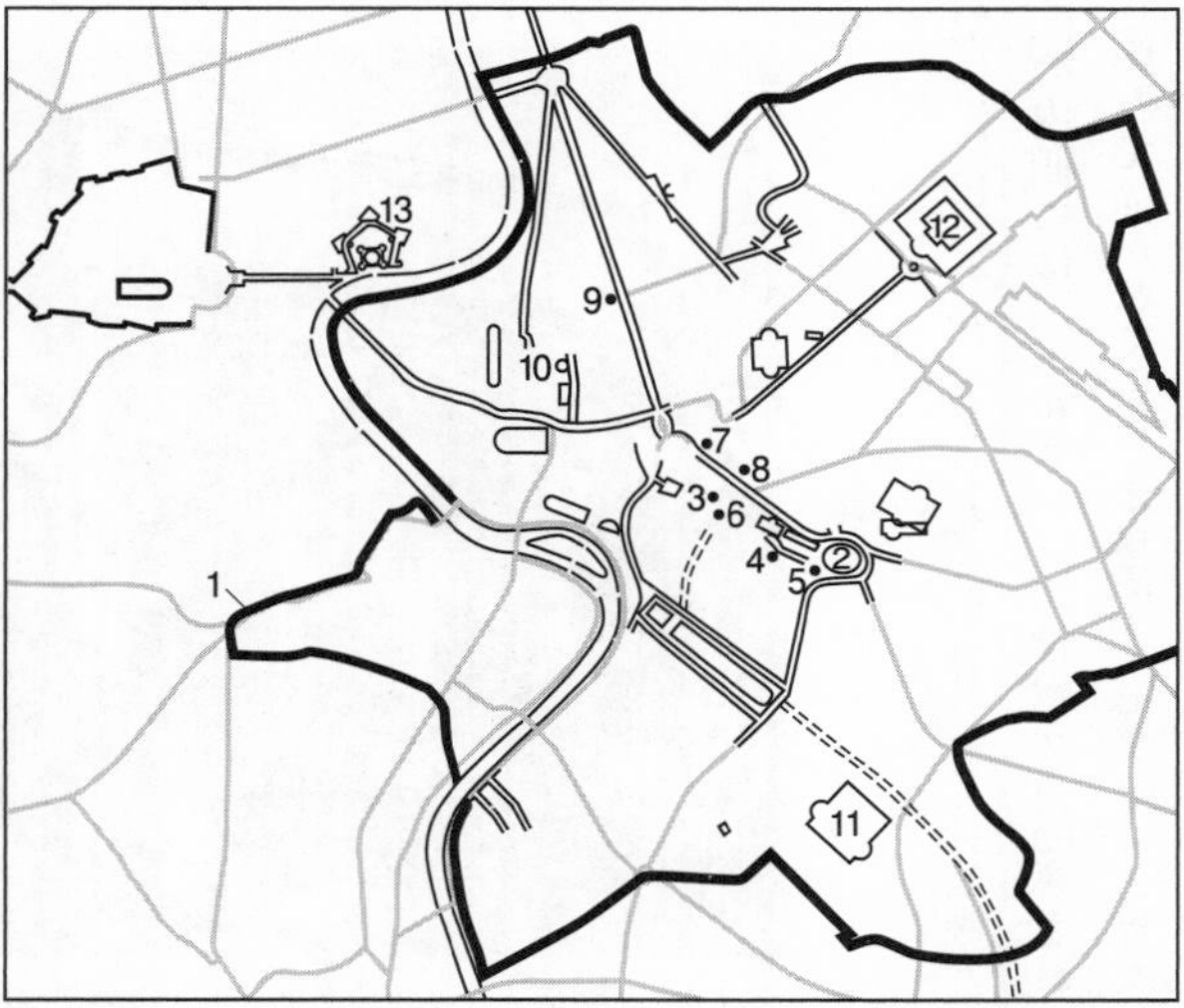

1 アウレリアヌス帝の城壁
2 コロッセオ
3 フォロ・ロマーノ
4 ティトゥス帝の凱旋門
5 コンスタンティヌス帝の凱旋門
6 セプティミウス・セウェルス帝の凱旋門
7 トラヤヌス帝の記念柱
8 フォーリ・インペリアーリ
9 マルクス・アウレリウス帝の記念柱
10 パンテオン
11 カラカラ浴場
12 ディオクレティアヌス帝の浴場
13 サンタンジェロ城
(ハドリアヌス帝の霊廟)

図 0-2　ローマ市内

六〜二三七年)の凱旋門となる。

ティトゥス帝の凱旋門は、後六六年に起こったユダヤ人反乱(第一次ユダヤ戦争)の鎮圧を祝して建てられたもので(図0-3)、門の内側には、エルサレムの神殿から略奪された神聖な七枝の燭台を運ぶローマ兵の姿が浮き彫りで描かれている(本章扉)。セプティミウス・セウェルス帝の凱旋門は、東の隣国パルティアに対する戦勝に際して二〇三年に建造された。門の前面に

図0-3　ティトゥス帝の凱旋門

図0-4　セプティミウス・セウェルス帝の凱旋門

は、この戦争の場面を描いた四枚のパネルが取り付けられている(図0-4)。

三つ目のコンスタンティヌス帝の凱旋門は、同帝が対立帝マクセンティウスを三一二年に降したことを記念している(図0-5)。この凱旋門は三つのうち最大であるだけでなく、ローマ世界でも最大の規模を誇り、高さ二一メートル、幅二五・七メートル、奥行七・四メートルある。コンスタンティヌス帝は、マクセンティウス帝との戦いに先立って、天空に十字の徴《しるし》と「汝これにて勝て」との言葉を目にし、兵士に十字の徴を付けて戦いに臨み、勝利したため、キリスト教を決定的に支持するようになったと伝えられる。そして、凱旋門には、この伝説を裏付けるかのように「神の導きによって」マクセンティウスを倒したとの文章が刻まれている。

図0-5　コンスタンティヌス帝の凱旋門

かつてのローマ帝国の心臓部で、元老院議事堂や神殿の立ち並ぶフォロ・ロマーノ(ローマ広場)のそばには、フォーリ・インペリアーリ(皇帝たちの広場)があるが、その中でひときわ目を引くのは、五賢帝の一人トラヤヌス帝(在位九八～一一七年)の記念柱である(図0-6)。高さは、台座の部分を除いて、約二九・八メートル。記念柱は、トラヤヌス帝が遂行したダキア（現ルーマニア）征服戦争の勝利を記念して建てられた。記念柱には戦争の場面の浮き彫りがぐるりと取り巻いている。同様の記念柱は、ここから少し離れたコロンナ広場にも立っており、こちらは、同じく五賢帝の一人マルクス・アウレリウス帝（在位一六一〜一八〇年）が行ったマルコマンニ戦争の勝利を祝っている（図0-7）。マルクス・アウレリウス帝の治世には、ドナウ川北方に住んだマルコマンニ人を中心とするゲルマン民族が大挙してローマ領に押し寄せた。マルコマンニ戦争は、一六六年頃から一八〇年まで断続的に続き、苦戦の末、ローマ側は彼らを撃退したのであった。やはり戦争の場面が描かれた記念柱には、整然と進むローマ軍の攻撃を受けて、「蛮族」の兵が殺戮され、村々が焼き払われ、女子供が奴隷として引き立てられているシーンを見ることができる。兵士が皇帝に敵の首を捧げる場面もある。圧倒的な軍事力でローマが「蛮族」に勝利する様が描かれているのである。記念柱の台座を除く高さは、トラヤヌス帝のそれとほぼ同じで、約二九・六メートルである。

古代ローマの代名詞とも言えるコロッセオも戦争とのかかわりは深い（図0-8）。コロッセオは、紀元後一世紀後半に建てられた円形闘技場の遺跡で、この場所でローマ時代には野獣狩りや罪人の公開処刑など、様々な見世物が市民に提供された。最も人気があったのは、剣闘士を戦わせて、その勝敗を楽しむ剣闘士競技である。ローマ市では、皇帝が折に触れて剣闘士競技を市民に提供したが、それは、平和な時代にあっても流血を市民に常に見せることで、戦士

図0-6　トラヤヌス帝の記念柱．後ろはサンティッシモ・ノーメ・ディ・マリア・アル・フォロ・トライアノ教会

図0-7　マルクス・アウレリウス帝の記念柱

国家としての気風を維持するためだったと考えられている。コロッセオ建造の資金の出どころも、第一次ユダヤ戦争の略奪品であった。

図0-8　コロッセオ

いかなる歴史上の巨大国家も、もとから広大な地域を支配していたわけではない。たいていの場合、それは征服戦争を通じて巨大化したのである。アッシリア帝国、アケメネス朝ペルシア、秦、モンゴル帝国、オスマン帝国、みなそうである。ローマ帝国も、その例に漏れない。したがって、その都に戦争のモニュメントが数多くあることは、一見、驚くに値しないかもしれない。しかし、ローマ帝国ほど、歴代の皇帝が征服戦争にこだわり、その都を戦勝記念碑で飾った例は寡聞にして知らない。のみならず、ローマ帝国の場合は、より本質的な意味において、戦争、そしてその戦争を遂行する軍・兵士と密接に結びついていた点でもユニークなのである。

次に、この点を端的に示す事例を二つ紹介しよう。

児童文学に登場するローマ軍

イギリスの児童文学作家ローズマリ・サトクリフ(一九二〇〜一九九二年)の作品にローマン・ブリテン三部作と呼ばれるシリーズがある。『第九軍団のワシ』(一九五四年)、『銀の枝』(一九五七年)、『ともしびをかかげて』(一九五九年)がそれである。いずれの作品も、ローマン・ブリテン、つまりローマ帝国時代のイギリスを舞台にしている。イギリスのあるブリテン島の東南部は、後四三年から四一〇年までのおよそ三六〇年の間、ローマ帝国の属州ブリタンニアとして、その支配下にあった。サトクリフの三つの作品で主人公とされているのは、すべてこのローマン・ブリテンで活躍したローマ帝国の軍人である。

『第九軍団のワシ』の主人公マーカス・フラビウス・アクイラは、軍団の士官である百人隊長である。父親もまた軍人で、かつて第九軍団の「第一大隊の司令官」を務めた。しかし、父親の属した第九軍団は、マーカスがまだ子供のころに、ブリテン島北部に遠征し、軍団を象徴する黄金のワシの像と共に行方知れずになってしまった。息子のマーカスも成人すると、軍に入り、ブリテン島に配属された。しかし、マーカスは、ある戦いで傷を負ってしまい、軍人としての生命を絶たれてしまう。静養先の叔父の家で第九軍団の消息についての噂を耳にしたマーカスは、父親、そして第九軍団のワシの真実を探るべく、北方へ旅立つ。

『第九軍団のワシ』の時代は、ローマ帝国が最盛期にあった二世紀前半に設定されているが、ローマン・ブリテン三部作の第二作『銀の枝』は、それから一五〇年以上後の三世紀末のブリテン島が舞台になっている。この時代には、ローマ帝国の繁栄はすでに失われており、ブリテン島はカロウシウス帝(在位二八六〜二九三年)の支配下にあった。カロウシウス帝は、もともとディオクレティアヌス帝(在位二八四〜三〇五年)に反旗を翻した帝位僭称者にすぎなかったが、その地位をディオクレティアヌス帝に認められていた。物語の主人公は、マーカスの子孫で、百人隊長のフラビウスとその従弟で軍医のジャスティンである。二人は、カロウシウス帝の部下アレクトスが陰謀を企んでいることを知り、カロウシウス帝に告発するが、失敗し、ブリテン島北部へと配置換えをされる。その地でも、アレクトスの不穏な動きを察知した二人は、再びカロウシウス帝に警告を発しに向かうが、時すでに遅く、同帝はアレクトスに殺害されてしまった。二人は、反アレクトスの地下組織に入り、アレクトス討伐に来島したディオクレティアヌス帝の同僚皇帝コンスタンティウス(在位二九三〜三〇六年)配下の将軍アスケルピオドトスと合流し、アレクトス軍と戦うことになった。

三部作の最後『ともしびをかかげて』は、さらに一五〇年後の四五〇年頃のローマ帝国の物語となっている。ローマ帝国(西ローマ帝国)は、四七六年に滅びるので、最末期の時代である。ブリテン島からは、既に主力軍は引き揚げており、その東南部のルトピエ(現リッチバラ)にわずかの守備隊が残されていたにすぎなかった。しかし、その守備隊にすら本国から撤退の命令が下る。主人公のアクイラは、守備隊の指揮官の一人であったが、命令に背いて脱走し、現地に残った。アクイラは、やはり『第九軍団のワシ』のマーカスの子孫で、その家族はブリテン島に住み着いていたからである。守備隊が撤退したブリテン島は、ゲルマン民族の攻撃にいっそう激しくさらされるようになり、アクイラの家もサクソン人、続いてジュート人に襲撃され、アクイラ自身もジュート人に奴隷にされて、大陸へと連れ去られてしまう。だが、そのジュート人のブリテン島移住に伴って、アクイラは再び故郷の地を踏むことになり、やがてすきを見て脱出する。脱出後、アクイラは、ゲルマン民族に抵抗する勢力に身を寄せ、戦いの日々を送ることになるのである。

サトクリフの作品は、もちろんフィクションであるが、その背景となるローマン・ブリテンの歴史や文化は史実を踏まえて書かれている。ローマン・ブリテンの生活を描いて、これを眼前に彷彿とさせてくれる作品として、右に出るものはないだろう。そのサトクリフが一連の作品の主人公に軍人を選んだのは、彼らがローマ帝国を体現していると感じ取っていたからに違いない。『ともしびをかかげて』で、撤退する守備隊を乗せ、夜の闇の中、ブリテン島を去り行く輸送船の艫の火は、「ブリテンにのこるローマの最後のあかり」として表現されている。

『銀の枝』の日本語版にエッセーを寄せた、ローマン・ブリテンの専門家南川高志も、「ブリテン島が確実にローマ帝国であったといえるのは、軍隊を通じてであると、私は考えています。寒風吹きすさぶ防壁で北からの襲撃に備えたローマ軍兵士たち、あるいは要塞で海からの襲撃に緊張して暮らした兵士たちが、押しよせてくる敵に対抗する自分たちこそ、真にローマ帝国の一員であると強く意識していたと思うからです。この点で、サトクリフのローマ時代のブリテン島をあつかう作品が軍人、軍隊を主人公にしているのは、彼女がこの島の歴史の本質を見抜いていた結果と、敬服するのです」と述べている。サトクリフと南川はともに、少なくともブリテン島においてはローマ軍がローマ帝国に他ならなかったことを見て取っているのである。

イエスを十字架に架け、パウロを保護したローマ兵

キリスト教を創始したイエスは、ローマ帝国を後ろ盾にユダヤの地を支配していたヘロデ大王の治世(前三七〜前四年)の末に生まれたとされている。

イエスは、三〇歳の頃から自身の教えを説き始めたが、その教えはユダヤ人の支配層から危険視され、宣教を始めてからわずか数年後には、イエスはエルサレムで彼らに捕らえられ、最高法院で死罪の判決を受けた。しかし当時、ユダヤの地は既にローマの属州となっており、最高法院には実際に罪人を処刑する権限は与えられていなかった。そのため、イエスは、ローマから来た総督ポンティウス・ピラトゥスに処刑されるべく引き渡されることになった。ピラトゥスは、イエスに何の罪もないことが分かっていたので、処刑をためらった。しかし、ユダヤの支配層に煽動された群衆は、イエスを十字架に架けよと騒ぎ出したので、やむなく鞭打った

後、兵士に引き渡した。

兵士たちは、イエスを総督の官邸に連れていき、赤い外套を着せて、いばらの冠をかぶせて、「ユダヤ人の王、万歳」と嘲弄した（「マタイによる福音書」二七・二九）。ユダヤ人の王を自称したというのがイエスの罪状であった。イエスは、その後、刑場のゴルゴダの丘へと連れて行かれた。兵士たちは、イエスを十字架に架ける前に、着物をはぎ取り、くじ引きで山分けした。十字架に架けられたのは朝の九時頃で、絶命したのは午後三時頃だった。この間、イエスの番をしていたのも、百人隊長であった。「ヨハネによる福音書」（一九・三四）は、亡くなったイエスの腋をひとりの兵卒が槍で刺したところ、血と水が流れ出た、と伝える。

イエスの死後、その教えを広めるのに大きな貢献を為したのが、パウロ（?～後六〇年頃）である。しかし、パウロもまた、ユダヤ人の支配層に敵視され、ついには彼らに煽られた群衆にエルサレムで暴行を加えられるに至った。この事態を受けて、「守備大隊の千人隊長」クラウディウス・リシアは、兵士や百人隊長を率いて出動し、パウロを救い出した（「使徒言行録」二一・三二）。リシアは、パウロを兵営に連れていき、鞭打って事情を問いただそうとしたが、パウロがローマ市民であることを知り、取りやめた。

その後、リシアは、パウロ暗殺計画があるとの通報を受けると、その身柄を保護するため「歩兵二〇〇名、騎兵七〇名、補助兵二〇〇名」を護衛に付けて、パウロを総督フェリクスのいるカイサリアに送った(「使徒言行録」二三・二三)。ユダヤ人の支配層は、パウロを追って、五日後にはフェリクスの下に姿を現して、パウロを告発した。しかし、フェリクスは、自身の総督在任中に結局、裁判を開かず、パウロを監禁したままにした。二年後、新総督フェストゥスが着任すると、再び、ユダヤ人の支配層がパウロを告発してきた。これを受けて、フェストゥスが裁判をエルサレムで開くと言い出したため、パウロは、総督がユダヤ人になびくことを恐れ、皇帝に上訴したいと申し出た。この申し出は認められ、パウロは、「皇帝直属部隊の百人隊長」ユリウスに引き渡され、ローマ市へと送り出されることになった(「使徒言行録」二七・一)。パウロはローマ市では、番兵を一人付けられて、一人で住むことを許され、二年の間、宣教を続けたとされている。

以上のイエスとパウロをめぐる動きは概ね『新約聖書』に基づいているが、その中で、ローマ兵は、ローマ帝国の権力の執行機関として登場していることが分かる。この点は第二章で説明するように、当時のローマ帝国では官僚制が未発達であったため、兵士たちが下級官僚や警察の役割も果たしていたのである。軍と兵士というのは、非常時にだけ目にする存在ではなく、多くの帝国民にとっては、ローマ帝国そのものであったと言えるだろう。

軍と兵士を通して見るローマ帝国

以上の三つの事例からだけでも、ローマ帝国が軍や兵士と分かちがたく、かつ本質的に結びついており、その核心であったことは理解できるのではないだろうか。軍と兵士のあり方を考えることは、ローマ帝国自体を考えるに等しいのである。このような認識のもと、本書では、五〇〇年近くに及んだローマ帝国の歴史に軍の組織や制度あり方がどのように関わっていたのか、を明らかにする。そして、終章では、この間の軍の変容がローマ史の領域をはるかに超えたユーラシア規模の歴史の展開のなかにあったことも示してみたい。

そのため本書は、軍と兵士を取り上げながらも、狭い意味での軍事史の本ではないことはあらかじめ断っておかねばならない。つまり、個々の戦闘や武具の詳細には、必要最小限にしか触れていないということである。こういった点については、わが国では類書が既に数多く出ている。今世紀に入ってからだけでも、エイドリアン・ゴールズワーシーの『図説 古代ローマの戦い』(東洋書林、二〇〇三年)、『古代ローマ軍団大百科』(東洋書林、二〇〇五年)、『古代ローマ名将列伝』(白水社、二〇一九年)、長田龍太『古代ローマ――軍団の装備と戦法』(新紀元社、二〇一九年)、フィリップ・マティザック『古代ローマ帝国軍――非公式マニュアル』(ちくま学芸文庫、二〇二〇年)などが刊行されている。屋上屋を重ねる必要はないであろう。

手薄だった後期ローマ帝国軍の研究

類書との違いをもうひとつ挙げるならば、それは後期ローマ帝国の時代に多くの紙数を割いていることである。

前二七年から後四七六年までのローマ帝国の歴史は、二八四年に即位したディオクレティアヌス帝の治世を境に、大きく前期と後期に時代区分され、高等学校の教科書では、それぞれの政治体制に着目して、前期を元首政(プリンキパートゥス)、後期を専制君主政(ドミナートゥス)の時代と呼んでいる。その継続期間は、前期ローマ帝国が三一一年、後期ローマ帝国が一九二年あった。前期のほうがかなり長くみえるが、過渡期としての軍人皇帝時代(二三五〜二八四年)の約半世紀がそこに含まれているので、この期間を引けば、前期と後期の帝国の寿命差は七〇年ほどであり、そこまで大きな違いがあるわけではない。にもかかわらず、これまでのローマ帝国の軍隊に関する書籍では、圧倒的にその力点が前期のローマ帝国軍に置かれてきた。

例えば、先に挙げたゴールズワーシーの『古代ローマ軍団大百科』の総ページ数は二二四頁あるが、帝政前期の軍隊に一四七頁の分量が当てられているのに対して、後期に割かれる頁数は、その残りのうちのわずか一六頁に過ぎない。一方のマティザックの『古代ローマ帝国軍』は、そもそも前期のトラヤヌス帝の治世のマニュアルという設定で書かれているので、後期のローマ帝国軍への言及はほとんどない。しかし、このような現象は、日本で紹介されているローマ軍関係の書籍に限ったことではない。ローマ軍についての基本書として必ず言及されるH・M・D・パーカーの『ローマ軍団』（一九二八年）、G・ウェブスターの『ローマ帝国軍』（一九五六年）、G・R・ワトソンの『ローマ軍兵士』（一九六九年）、Y・ル・ボエック『ローマ帝国軍』（一九九四年）などは、タイトルだけを見れば、後期のそれを含めたローマ帝国軍全体の歴史を扱っているようにみえるが、実はすべて帝政前期のローマ軍のみを扱っているのである。

しかし、一九九〇年代以後、P・サザーンとK・R・ディクソン『後期ローマ帝国軍』（一九九六年）、H・エルトン『ローマ時代のヨーロッパにおける戦争――三五〇～四二五年』（一九九六年）、M・ニケイズ『帝国の黄昏――ディオクレティアヌス帝の治世からアドリアノープルの戦いまでのローマ軍』（一九九八年）、さらには、P・リシャルド『ローマ軍の終焉――二八四～四七六年』（二〇〇五年）、A・D・リー『古代末期の戦争』（二〇〇七年）など、後期ローマ帝国軍についての専著がいくつも現れている。ル・ボエックも『ローマ帝国軍』の続編として『後期ローマ帝国時代のローマ軍』を二〇〇六年に著した。本書では、これらの研究成果を取り入れながら、前期に偏ることなく、ローマ帝国の軍隊の歴史の全体像を提示したい。

ローマ史の流れ

本論に入る前に、ローマ史の流れを簡潔に概観しておこう。これまでのところでもローマ皇帝の名前をはじめ、多くの固有名詞が出てきたので、この概観によって、これらを頭の中で整理していただくと同時に、続く章の理解に最小限必要な知識もあわせて提供しておきたい。

ローマの歴史は、前七五三年に始まる。この年にローマは、イタリア半島中部のティベル川畔の都市国家として建国された。建国者と伝えられているのは、ロムルスである。ロムルスの後、六代の王が続いたが、最後の王が暴虐であったため、前五〇九年に追放された。以後、ローマの政体は共和政となる。

共和政期においては、毎年、民会での選挙によって、二名のコンスル(執政官)をはじめとする諸種の政務官が選出され、彼らが国政の実務を取り仕切った。しかし、実質上、国家を指導したのは、一年交代の政務官ではなく、元老院であった。元老院は、組織の機能としては、立法機関ではなく、コンスルの諮問機関にすぎなかったが、政務官経験者が終身議員となっていたので、その意向を無視した政治は、ローマでは成立しえなかったからである。

共和政の時代は、前二七年まで、およそ五〇〇年近く続くが、ローマはこの間に領土を大きく拡張させた。

ローマは、まず前二七二年にイタリア半島を統一し、その後、間もなくの前二六四年からは、西地中海において強大な勢力を誇っていた北アフリカの都市国家カルタゴとの戦争に突入する。カルタゴの住人をローマ人はポエニ人と呼んだので、この戦争はポエニ戦争と呼称される。ポエニ戦争は三度行われ、第二次ポエニ戦争(前二一八〜前二〇一年)の際には、カルタゴの将軍ハンニバルの活躍によってローマは一時、窮地に立たされたこともあった。しかし、結果的にローマは、三回の戦争すべてに勝利して、カルタゴを前一四六年に滅ぼした。

第二次ポエニ戦争中から、ローマは東地中海の情勢にも介入し始めた。当時、東地中海には、前四世紀にアジアからヨーロッパに広がる大帝国を築いたアレクサンドロス大王の後継者たちが興した、いわゆるヘレニズム王国が並び立っていた。マケドニアにはアンティゴノス朝が、シリアにはセレウコス朝が、そしてエジプトにはプトレマイオス朝がそれぞれあったのである。ローマは、最初にマケドニアのアンティゴノス朝を前二一五年以後の三度の戦争を経て倒し、この地を前一四六年に属州化した。同じ年には、ギリシアの地も属州アカエアとされた。前一四六年は、カルタゴが滅亡した年でもあったので、この年はローマが地中海全域で覇権を確立した年となった。

こうしてローマは、第二次ポエニ戦争を機にその勢力を急速にイタリア半島の東西に延ばしていった。だが、このことは国内外で様々な問題を引き起こした。問題解決のために政治には強力な指導力が求められるようになり、政争は激しくなって、前一三三年に始まるグラックス兄弟の改革を機に、ローマは内乱状態に陥ってしまった。内乱は、一〇〇年以上に及んだ。この間、マリウスとスラ、ポンペイウスとカエサル、アントニウスとオクタウィアヌスといったローマ史に名高い政治家が次々と現れ、彼らは武力をもって激しく争うことになった。

しかし、内乱状態にあっても、ローマの領土拡大は止まることはなかった。政治家たちは、自らの権勢を確立するためにもいっそう対外戦争にその力を注いだからである。ポンペイウスは、シリアのセレウコス朝を前六四年に征服し、カエサルはガリア(現フランス中北部からベルギーに当たる)に遠征し、オクタウィアヌスはプトレマイオス朝エジプトを前三〇年に滅亡に追い込んだのである。

最終的に、この内乱を勝ち抜いたのは、オクタウィアヌスであった。オクタウィアヌスは、前三一年のアクティウムの海戦でアントニウスとプトレマイオス朝の女王クレオパトラの連合軍を破って、エジプトを占領した後、ローマ市に帰還し、前二七年には、元老院よりアウグストゥス(尊厳なる者)の称号を受けた。この後、アウグストゥスは、国家統治の諸権限を次々と元老院から付与され、共和国の完全な独裁者、すなわち事実上の皇帝となったのである。

アウグストゥスは、後一四年までの四一年に及ぶ長い治世の間に、国境をライン川、ドナウ川、ユーフラテス川に定め、また都ローマを整備するなど、内外に大きな事績を挙げ、帝国の基礎を固めた。その死後、帝位は一族の者によって引き継がれた。アウグストゥスの王朝はユリウス・クラウディウス朝と呼ばれる。

第二代皇帝はアウグストゥスの妻の連れ子であったティベリウス帝である。イエスが宣教活動を行い、処刑されたのは彼の治世中(一四~三七年)であった。ブリテン島南西部もこの王朝の第四代皇帝クラウディウスによって征服された。次の第五代の皇帝が「暴君」として名高いネロであり、パウロは、このネロ帝の治世(五四~六八年)に処刑されたとされている。ネロ帝は、地方の反乱を受け、六八年に自殺したため、翌六九年は帝位を争う内乱の年となった。内乱の勝者となったのは、第一次ユダヤ戦争の司令官として東方にいたウェスパシアヌスであり、ウェスパシアヌスによってフラウィウス朝(六九~九六年)が開かれた。ウェスパシアヌス帝の息子が凱旋門を与えられたティトゥス帝であるが、フラウィウス朝は、続く「暴君」ドミティアヌスを最後に、わずか三代で三〇年に満たずして滅んだ。コロッセオもこの王朝の時代に建てられた。

ドミティアヌス帝の後、九六年に即位したネルウァ帝の治世から五賢帝時代が始まり、トラヤヌス、ハドリアヌス、アントニヌス・ピウス、マルクス・アウレリウス・アントニヌスと優れた皇帝が続いた。この時期が帝国の最盛期で、その領土もトラヤヌス帝がダキアやメソポタミアを征服したことで最大となった。しかし、五賢帝最後のマルクス・アウレリウス帝の治世には、深刻な疫病が流行し、またマルコマンニ人をはじめとするゲルマン民族の大規模な侵入を受けるなど、帝国の前途には次第に暗雲が漂い始めていた。

マルクス・アウレリウス帝の死後は、その子コンモドゥスの治世を経て、一九三年には、六九年以来、およそ一二〇年ぶりに帝位が軍事力をもって争われ、勝者となったセプティミウス・セウェルスが帝位に就いた。現存する三つの凱旋門のうち、二つ目の凱旋門を受けた皇帝である。しかし、セウェルス帝の王朝は長続きせず、帝国は二三五年には軍人皇帝時代に入った。

軍人皇帝時代には、ユーフラテス川方面からはササン朝ペルシアの、ライン・ドナウ川方面からはゴート人やアラマンニ人、フランク人などのゲルマン民族の攻撃を受け、国内は乱れて、皇帝の地位は著しく不安定になった。軍人皇帝時代は二八四年まで続いたが、この半世紀足らずの間に、元老院からその地位を承認された正統な皇帝だけで二六名を数えた。そして、そのほとんどが暗殺や対立皇帝との戦いに敗れて倒れたのである。

軍人皇帝時代の混乱は、東西の正帝・副帝が帝国を分担統治する四帝分治体制(テトラルキア)をとったディオクレティアヌス帝によって収められた。ディオクレティアヌス帝は、帝国再建のために様々な改革も行い、最後には、世襲に拠らない帝位継承体制の構築を目指し、その一環として在位二〇年で三〇五年に退位したが、退位後間もなく、帝位を争う内乱が起こった。三〇六年以後、四半世紀に及んだこの内乱を収めたのは、コンスタンティヌス帝であった。

コンスタンティヌス帝は、ディオクレティアヌス帝の諸改革を引き継ぎ、後期ローマ帝国の政治体制を確立させる一方で、この点はディオクレティアヌス帝とは異なるが、キリスト教を公認し、また再び王朝による支配を目指した。しかし、その王朝は、一族の内訌が絶えず、背教者と呼ばれたユリアヌス帝がペルシア遠征中に戦死すると、三六三年に断絶した。

ユリアヌス帝の死後、一代の短命な皇帝を挟んで、三六四年にウァレンティニアヌス朝が興った。そして、このウァレンティニアヌス朝時代の三七五年、ローマ帝国を滅ぼすことになるゲルマン民族の大移動が始まった。帝国は当時、東西で分治されていたが、東方の皇帝ウァレンスは、三七八年にアドリアノープル(現トルコ西部のエディルネ)で起こったゴート人との戦いにおいて戦死してしまったため、西方に残っていたグラティアヌス帝は、引退していた将軍のテオドシウスを東方の皇帝に抜擢した。テオドシウス帝は、キリスト教を国教化した皇帝として知られるが、ウァレンティニアヌス朝が滅んだ後、ローマ帝国を単独で支配した最後の皇帝でもあり、その死後、帝国は三九五年に東西に分裂してしまった。

ゲルマン民族の圧力は、当初は東の帝国にかかっていたが、やがてその矛先は西に向かい、これを支えきれなくなった西ローマ帝国は、次第にその領土をゲルマン民族に蚕食され、四七六年に滅亡した。東の帝国は、この後も一四五三年にオスマン帝国によって滅ぼされるまで、さらに一〇〇〇年ほど生き延びることになるが、本書は、西ローマ帝国の滅亡までをその主たる考察対象としている。

第一章　市民軍から職業軍人の常備軍へ
――ローマ帝国軍の形成

軍装のアウグストゥス像

古代世界のなかのローマ帝国の軍隊

ローマ帝国の軍隊の最大の特徴は、職業軍人から成る大規模な常備軍だったことである。比較的正確な数字の分かる二世紀半ばにおいて、その数三六万に至った。この規模と質を備えた常備軍を抱えていた国家は、古代世界においては異例であった。

ローマ帝国と同時代、ユーラシア大陸の東方には漢帝国が存在した。漢には、中央軍と地方軍、そして辺境防衛軍の大きく三種類の軍隊があった。これらは常備軍だったが、兵士は農民からの徴兵によって賄われていた。男子は二三歳から五六歳までの間に少なくとも二年間、すなわち一年は郡国の警備のため地方軍で、一年は宮城の衛士として中央軍で兵役に服さなければならず、また辺境防衛軍での勤務も一年求められた。つまり、漢の軍隊は、常備軍ではあったが、その中身の兵士は、一年交代の素人農民軍だったのである。

古代日本の律令時代の軍隊も大きく中央軍と地方軍に分かれていた。地方軍は、最大一〇〇〇人から成る「軍団」から編制されており、各国に一個、ないし複数置かれた。軍団兵の一部は、時に都に上って中央軍に衛士《えじ》として勤務し、時に防人《さきもり》として九州に三年間派遣された。軍団兵は、漢と同じく徴兵制に基づいて集められていた。徴兵の対象となったのは二一歳から六〇歳までの男子で、三戸につき一戸の割合で徴兵された。いったん、徴兵された者は、六〇歳までは兵役に就いたが、地方では軍団に常時勤務したわけではなく、一〇日交替で年間数十日務めを果たしていた。したがって、漢の軍隊よりは訓練が行き届いていたかもしれないが、後述のように二五年間常勤であったローマ軍兵士に比べれば、それはやはり素人の兵に近かったであろう。なお、古代ローマ軍の最大の戦術単位であるレギオは軍団と訳されるが、これは律令時代日本の軍事制度に由来する言葉なのである。

ローマ帝国の同時代に目を戻すならば、そのすぐ東にはアルサケス朝パルティア(前二四七〜後二二四年)、二二四年以後はササン朝ペルシア(〜六五一年)があった。いずれの帝国の軍事制度もよく分かっていないが、国家が大規模な常備軍を抱えていた形跡はなく、基本的には大貴族の軍事力に頼っていたようである。そして、大貴族の抱えていた兵力も、その家臣や奴隷から成っていたので、戦時には寄せ集めの大貴族の軍隊が、さらに寄せ集まって国家の軍隊を編制していたと考えられる。ただし、ササン朝では、六世紀のホスロー一世(在位五三一〜五七九年)の時に常備軍の創設が試みられた。

古代ギリシアの都市国家にも常備軍は存在せず、その軍は自弁で武装した市民による軍隊だった。例えば、スパルタでは、二〇歳から五九歳までの市民には国外軍役の義務が課され、一四歳から軍事教練が日々施された。したがって、スパルタの場合は、市民兵とはいえ、職業軍人に近かったが、このような都市国家は例外的であった。古典期のアテナイでは、一八歳から六〇歳まで兵役の義務があり、一八歳になると、二年間は見習い兵として軍事教練を受けて、国境警備の任に就くなどしたが、この二年を除けば戦時以外は召集されなかったのである。

ギリシアの北方にあったマケドニアでは、フィリッポス二世の治世(前三五九～前三三六年)に近衛歩兵、重装歩兵、騎兵から成る常備軍が整えられた。しかし、職業軍人と言ってよいのは近衛歩兵のみで、戦力の核となった重装歩兵は有事の際に徴募された農民兵だった。騎兵には貴族がなった。またその規模においても、重装歩兵が九〇〇〇、近衛歩兵は三〇〇〇、騎兵が一八〇〇にすぎず、ローマ帝国の軍隊には、はるかに及ばなかったのである。フィリッポス二世の息子アレクサンドロス大王が有名な東方大遠征に際して率いた軍事力も、アッリアノスの『アレクサンドロス大王東征記』(第一巻一一)によれば、歩兵三万ほどと騎兵五〇〇〇騎余にすぎなかった。

ローマ帝国の軍隊は、前近代における史上最強の軍隊としばしば呼ばれるが、他の古代世界のそれと比較してみるならば、それは誇張でもないだろう。そして、この明らかに特異な軍隊を創り上げたのは、初代皇帝アウグストゥス(在位前二七～後一四年)だった(本章扉)。しかし、アウグストゥスは、何もない状態からいきなり、職業軍人から成る大規模な常備軍を創造したわけではない。アウグストゥスの皇帝位が先行する共和政の諸制度を踏まえたものであったのと同様に、その軍隊もまた、長い共和政、さらには王政に遡る歴史を有していたのである。一言でいえばそれは、市民兵から職業軍人へ、臨時編制軍から常備軍への道であった。

エトルリア人の王が創り上げた市民軍制度

ローマの伝説の建国者ロムルスは、三〇〇の騎兵と三〇〇〇の歩兵から成る軍を有していたとされている。騎兵は貴族であり、三〇〇〇人の歩兵はティテンセス、ラムネス、ルケレスの三つの部族から一〇〇〇人ずつ供出されたものであった。それぞれの部族は、一〇の氏族(クリア)に分かれており、一つの氏族が一〇〇人の歩兵を出したのである。そして、貴族は氏族の指導者だった。『英雄伝』の著者プルタルコスによれば、この三三〇〇の兵たちは、戦いに適した者としてレゲレ(選抜)されたので、ローマ軍はレギオと呼ばれるようになったという(「ロムルス」一三)。

ロムルス時代のローマ軍に関する記述は史実として信頼の置けるものではないが、建国当初のローマ軍が貴族とその部族民から成っていたことは事実であろう。しかし、ローマの発展に伴って人口が増え、また新来者も多く流入するようになると、部族に属さない、つまり軍務に服さない市民も増えていった。このような状況を踏まえ、彼らを軍に取り入れるための改革を行い、その力を強化したのは、第六代の王セルウィウス・トゥリウス(在位前五七八～前五三五年)である。

改革者のセルウィウス・トゥリウスは、その名前からすると歴としたローマ人のように見えるが、実は、本名はマスタルナと言い、エトルリア人だった。

エトルリア人というのは、イタリア半島で最初に文明化した民族で、都市生活を営み、独自の文字を有した。言語系統は不明であるが、少なくともローマ人の属したインド・ヨーロッパ語族とは別系統の言語を話していた。その文明は、前九世紀に興り、最盛期の前五世紀には、エトルリア人はイタリアのほとんどをその支配下においていたと言われたほどの強勢を誇った。勢力の中心は、現在のイタリア半島中西部のトスカーナ地方にあり、この地方名そのものも実は、エトルリア人に由来している。エトルリア人は、ラテン語ではトゥスキ人とも呼ばれていたのである。またイタリア半島の西側の海はティレニア海と呼ばれるが、この海の名もエトルリア人の名から来ている。ギリシア人は、エトルリア人のことをテュルセノイ人と呼んでおり、ティレニア海は、テュルセノイ人の海の謂いなのである。

ローマは、前七世紀の末には、このエトルリア系の王を戴くようになっていた。ローマを支配した最初のエトルリア系の王は第五代の王タルクイニウス・プリスクス(在位前六一六～前五七九年)であり、プリスクスが暗殺によって斃れた後、その混乱に乗じてローマを征服したのが、やはりエトルリア人のマスタルナであり、王になってセルウィウス・トゥリウスを称したのだった。セルウィウスは、ローマ市を囲う城壁を建造したと伝えられるように、先代の王プリスクスと同様、エトルリア文明の力で都市国家ローマの整備に尽力したことで知られている。軍事力の強化もその一環としてなされたものであり、そのために設けたとされるのが、いわゆるセルウィウスの制度である。

この制度を伝える前一世紀のリウィウスの『ローマ建国以来の歴史』(第一巻四二)によれば、セルウィウスは、市民の財産を調査した上で、その財産額に応じて、市民を第一階級から第五階級の五つの階級に区分し、それぞれの階級に武装を定めた(表1-1)。これら五つの階級に属する者たちは、全て歩兵であり、第一階級は、完全武装の重装歩兵であった。財産の階級によって武装が異なるのは、ローマでは、古代ギリシアと同じく武装自弁の原則があったため、富裕な階級ほど立派な武装が可能だったからである。したがって、武装を自弁する資力のない者は、階級外として、従軍の義務を免除された。一方、貴族たちは、五階級の上に騎士として位置づけられ、騎兵として従軍した。

各階級からは、複数の百人隊(ケントゥリア)が編制された。すなわち、騎士からは一八、第一階級からは八〇、第二階級～第四階級からはそれぞれ二〇、第五階級からは三〇、そして階級外からは一つであった。これらの他に、工兵隊とラッパ吹きがそれぞれ二つの百人隊を編制した。工兵隊は第一階級に、ラッパ吹きは第五階級に属した。百人隊の総計は一九三。単純に

表1-1　セルウィウスの制度

	財産額（単位：アス）	武装等	ケントゥリア数
騎士			18
第1階級	10万以上	兜，丸楯（クリペウム），脛当て，胴鎧，突き槍，剣	80
（工兵隊）		武装なく，攻城機を動かす	2
第2階級	7万5000以上	兜，大楯（スクトゥム），脛当て，突き槍，剣	20
第3階級	5万以上	兜，大楯（スクトゥム），突き槍，剣	20
第4階級	2万5000以上	突き槍，投げ槍	20
第5階級	1万1000以上	投石器と投石用の石を運ぶ	30
（角笛吹きとラッパ吹き）			2
階級外		兵役免除	1
			計193

考えるなら、ローマは一万九三〇〇の兵力を動員できたことになるが、第一階級から第五階級は、現役兵（一七歳〜四六歳）と老年兵でちょうど半々に分けられていたので、出征可能な兵力は一万ほどであった。老年兵は、戦時にはローマ市の防衛に当たった。なお、百人隊は、当初は字義通り、一〇〇人規模の部隊であったと思われるが、後に見るように、遅くとも前二世紀には三〇〜六〇人で組織されるようになっていた。

階級外からも百人隊が一つ出されていたが、従軍義務のない階級外に百人隊が存在したのは、百人隊が軍の単位であると同時に、民会での選挙の投票単位ともされていたからである。この百人隊単位で投票する民会は、ケントゥリア民会と呼ばれた。ローマには氏族

（クリア）や地区（トリブス）を単位とした民会も存在したが、ケントゥリア民会は、共和政の時代にはコンスルを選出するなど、もっとも重要な民会であった。この民会では、一つの百人隊が一票を有し、選挙では上位の騎士から投票が始まったため、騎士と第一階級の百人隊の九八票だけで、全体で一九三票の過半数を超えることになった。ケントゥリア民会は、富裕者の意思が政治に大きく反映される仕組みになっていたのである。ローマ人の考えでは、優れた武具を有する者は、それだけ戦場で活躍できる、つまり国家に貢献できる可能性が高い以上、そうした者たちの意思が国家により多く反映されるべきなのであった。

しかし、現在の研究者の多くは、リウィウスの伝える民会制度と組み合わされた複雑な軍事制度が前六世紀のセルウィウスの時代に存在していたとは考えていない。当時、セルウィウスが第一に求めていたのは、民会の制度の整備ではなく、強力な重装歩兵部隊だったはずである。そして、重装歩兵を創り出すためだけであれば、セルウィウスは、市民を武装自弁可能な者（クラッシス）とそうでない者（インフラ・クラッセム）に分ければよかっただけであり、実際、前六世紀の段階では、その区別がなされただけなのであろう。

セルウィウスの時代に武装自弁可能とされた市民がどれほどいたのかは推測に頼る他ないが、「セルウィウスの制度」を手掛かりにするならば、重装歩兵として完全な武具を調達できたのは、第一階級だけであり、さらにその半分の四〇の百人隊だけが現役兵だったので人数にすれば四〇〇〇人となるが、第三階級の現役兵までを含めるならば、六〇〇〇人という数字が出て来る。あるいは当時の推定人口二万五〇〇〇ないし、三万五〇〇〇～四万をもとに、三〇〇〇人、または九〇〇〇人という数字を出してくる研究者もいる。

この時代の重装歩兵は、ギリシアから伝わった戦法であるファランクス（密集部隊）を編制して戦った。ギリシアでは、ファランクスの最小単位はエノモティアと呼ばれ、横列三～四人、縦列八～一二人で構成され、このエノモティアが四つ集まって、一〇〇～二〇〇人が方形のファランクスを形成したのである。そして、ファランクスを構成する個々の重装歩兵は、左手に丸楯、右手に突き槍をもち、右側に立つ者が左手に持ったその丸楯で左側に立つ仲間を守りつつ、密集した状態で整然と敵に突入し、ラグビーのスクラムを組んだような形で戦ったのだった（図1-1）。

図 1-1　壺絵に描かれた古代ギリシアの密集部隊

しかし、ローマにおいて、重装歩兵が実際にどのように組織されて、ファランクスとして戦ったのかは分かっていない。ファランクスによる戦闘の詳細な記録が残っていないためである。しかし、集団で一糸乱れず戦うファランクスを前提としていると解し得る戦場のエピソードは、わずかに残っている。それは、前四三一年のアエクィ人(ローマ近郊に住んだ山岳民族)との戦いの際に、独裁官であったアウルス・ポストゥミウス・トゥベリヌスが、功を焦って戦列から飛び出した自身の息子の首を、戦闘は勝利で終わったにもかかわらず、斧で撃ち落として処刑したとされるものである。

いずれにしても、ローマでは、エトルリア人の王によって、重装歩兵を核とする市民軍の制度が創設されたことは疑いない。

歴史家ポリュビオスの描くローマ軍

以上のような半ば伝説の域を出ないロムルスやセルウィウス時代から抜け出て、ローマ軍がはっきりとした姿を現すのは、非常に遅く、ようやく前二世紀になってからのことである。そして、それを伝えるのは、ポリュビオス(前二〇〇?〜前一一八年?)の『歴史』(第六巻一九〜四二)である。ポリュビオスは、ギリシアのメガロポリスの人であったが、第三次マケドニア戦争(前一七一〜前一六八年)によって祖国がローマに敗れた後、人質として一八年ほどの間、ローマ市に滞在した経験があるため、その史書の記述は実見に基づいている。

ポリュビオスによれば、当時のローマでは、毎年、四個の軍団が編制されていた。軍団(レギオ)という言葉は、ロムルスの時代には、上述のようにローマ軍全体を指していたようであるが、ポリュビオスの言う軍団は、戦術の単位である。そして、戦術の単位としての軍団が出現したのは、前四世紀のことであった。おそらく当初の軍団はコンスルの人数に合わせて毎年二個、編制されていたと考えられるが、前三一一年に二個増設されて以後、四個になっていたのである。

軍団の最高指揮権は二名のコンスルにあり、それぞれに二個軍団が割り振られた。一軍団の数は、通常は歩兵四二〇〇人と騎兵三〇〇騎だった。非常時には、歩兵の数は五〇〇〇人となった。兵員は徴兵によって満たされ、その対象となったのは、四〇〇ドラクマ(＝四〇〇〇アス)以上の財産を持つ一七歳から四六歳までの市民である。四〇〇ドラクマの価値については、ポリュビオスと同時代人であった政治家大カトー(前二三四〜前一四九年)についての次のエピソードが参考になるだろう。質素で知られた大カトーは、一〇〇ドラクマ以上の服を着たことはなかったし、一五〇〇ドラクマ以上の値段のついた奴隷を買ったことはなかったとされているのである。

兵役の期間は、騎兵が一〇年、歩兵が一六年で、非常時には、歩兵の兵役期間は二〇年に延長された。なお、従軍資格資産を満たさない者は軍船での労役を課された。

徴兵は、軍団将校によってなされた。軍団将校は、最低でも五年以上の軍務経験のある者のなかから民会の選挙で選ばれ、各軍団に六名配されていた。軍団将校は、まず徴兵対象となるローマ市内の地区をくじ引きで決め、当たった地区から「年齢も体格も相似」の者を四名選び、その四名が四つの軍団に一人ずつ入れられていった。このくじ引きに始まる作業を繰り返して、比較的均質な軍団が編制されたのである。

なお、軍団将校は、ラテン語ではトリブヌス・ミリトゥムであるが、ポリュビオスはギリシア語でキリアルコンと呼んでいる。キリアルコンは千人隊長の意味である。しかし軍団には千人隊といった戦術単位は存在していない。おそらく軍団将校は一人につき一〇〇〇人の徴兵を担当したために、ポリュビオスはこれを千人隊長と訳したのであろう。軍団将校は、戦場にも立ったが、百人隊長のような特定の部隊の指揮官ではなく、幕僚としてコンスルを補佐し、また野営陣の設営や兵士の懲罰など、軍団内の業務全般の監督に当たった。

編制が終わった軍団の兵士は、その年齢と携行する武器の種類に応じて、ウェリテス、ハスタティ、プリンキペス、トリアリイの四つに分類された。

ウェリテスは、「もっとも若くもっとも貧しい者たち」であり、剣と投げ槍と丸楯（パルマ、直径約九〇センチメートル）を持った。兜の上には、時に狼の毛皮を被った。次のハスタティは、ウェリテスに次ぐ年齢の者たちで、武具は、スクトゥムと呼ばれる楕円形の大楯（幅約六二・五センチメートル、高さ約三六〇センチメートル）、イベリア剣（イベリア半島の部族が用いていた剣を取り入れたため、その名があるとされている。刃渡りは六〇～七〇センチメートル）、ピルムという長い投げ槍（全長約一・八メートル）二本、羽根飾りを付けた青銅製の兜、脛当て、青銅製の胸甲である（図1-2）。羽根飾りを付けるのは、背を高く、かつ堂々としたいでたちにすることで、敵に威圧感を与えるためである。三番目のプリンキペスは、「働き盛りの年齢の者」で、最後のトリアリイは、最年長の者たちである。プリンキペスの武具はハスタティと全く同じであったが、トリアリイは、投げ槍の代わりに突き槍（ハスタ）を持ち、この点においてのみ、ハスタティと異なった。

図1-2　共和政期（前3世紀）のローマ兵

ウェリテスは軽装歩兵として前哨戦や偵察、敵の追撃などの際に活躍した。ハスタティ以下が重装歩兵で、軍団の主力であった。各兵種の人数は、ウェリテスとハスタティとプリンキペスがそれぞれ一二〇〇名。トリアリイだけが半分の六〇〇名である。これらを合わせれば、歩兵が計四二〇〇名となる。

戦場では、ハスタティを最前列にして、その後ろにプリンキペス、トリアリイの戦列が並ぶ陣形をとった。またこの時代には、ファランクスの戦法は既に廃れ、各戦列は、一〇の中隊（マニプルス）に編制されて戦うようになっていた。したがって、ハスタティとプリンキペスの中隊は一二〇人、トリアリイのそれは六〇人から成っていた。中隊は、百人隊を二つ組み合わせて編制されていたので、百人隊という名称にもかかわらず、実際の兵員の数は六〇、ないし三〇であった。中隊という戦術単位が現れたのは前四世紀の第二次サムニウム戦争時のことであったとされている。サムニウム人は、イタリア半島を南北に貫くアペニン山脈南部に住んだ民族で、この民族との戦いはしばしば山地で行われた。しかし、山地でファランクスの密集部隊をもって戦うことは難しかったため、ローマは、散開が容易で、かつ戦術単位として十分な規模の中隊を新たに編制して戦ったとされているのである。

第二次ポエニ戦争における最終決戦となったザマの戦い（前二〇二年）は、まさにこのような三戦列と中隊を組み合わせた陣形で戦われた（図1-3）。ローマ軍は、最前列から、ハスタテイ、プリンキペス、トリアリイの戦列が、それぞれ中隊ごとに、一定の間隔を空けて配置に就いた。それぞれの列の中隊は、通常は互い違いに置かれるが、ザマの戦いにおいては、カルタゴの象部隊への対策のために、真後ろに並んだ。象部隊の突撃を避けて、戦列の間を通過させようとしたのである。軽装歩兵であったウェリテスは、最前列のハスタティの中隊の間に入って、先鋒として戦うように命じられた。そして、歩兵部隊の右翼にはヌミディア人の騎兵、左

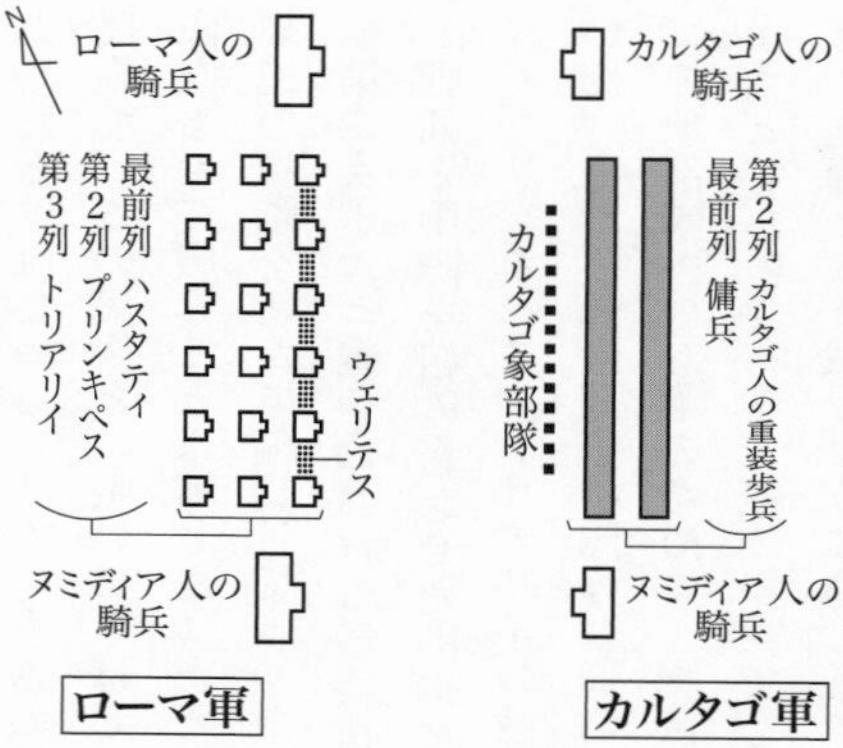

図1-3　ザマの戦いの布陣

翼にはローマ人の騎兵が配された。対するカルタゴ側は、八〇頭以上の象部隊を先頭に、次に傭兵一万二〇〇〇人、さらにその後ろにカルタゴ人の重装歩兵部隊が続いた。両翼にはやはり騎兵部隊が陣取った。

　戦闘は騎兵部隊どうしの投槍戦に始まり、象部隊の突入を経て、最終的にはハスタティが中央に構え、プリンキペスとトリアリイがその左右に進み出て、戦列を横に広げた状態でカルタゴの重装歩兵部隊と激突した。双方の力は拮抗したが、カルタゴ側の騎兵を破ったローマ側の騎兵がその背後に回って襲いかかったことで、カルタゴ人の重装歩兵部隊は壊滅した。ローマ側の死者が一五〇〇人ほどであったのに対して、カルタゴ側のそれは二万五〇〇〇人以上だったと伝えられる。

　なお、当時の軍団兵には、給与が支払われていた。軍団兵への給与は、ローマが北隣のエトルリア人の都市ウェイイと戦った前四〇六年から支払われるようになっていたが、このことは市民が自らの資力で国家を守るという都市国家の市民軍の原則からの最初の逸脱であった。

以上のように、ポリュビオスの伝えるローマ軍の姿は、ファランクス戦法が廃れていることをはじめとして、セルウィウスの時代の軍隊とは様々な点で大きく異なっていたが、ここで確認しておきたい重要な点は、ローマ軍は、前二世紀半ばにおいても、依然として武装自弁が可能な有産市民によって編制された市民軍であったということである。軍団も、毎年編制されていたということは、毎年解散されていたということを意味し、常備軍の性格は備えていなかった。

とはいえ、ザマの戦いの様子からも理解できるように、当時のローマ軍は、アマチュアリズムの響きのある市民軍という言葉から連想されるものとは大きく異なり、きわめて強力な軍隊だった。市民の軍務経験は豊富であり、前二世紀においては、ローマの男性一七歳人口の六〇パーセントが七年間、連続して従軍していたとされている。またコンスルなどの公職に就く者には、一〇年以上の兵役期間が求められていた。軍紀も極めて厳格であり、兵士は市民としての愛国心にも支えられていた。指導者層の出世には軍事的名声が不可欠であったし、一般市民は戦利品への欲望にも突き動かされていた。従軍することは、財貨獲得への道であり、そのため有産市民の一種の特権ですらあったのである。

ローマ軍は、残虐さにおいても比類なく、敵に恐怖を与えるために、慣習的に、都市を占領した場合には住人を皆殺しにしたと言われている。前一世紀に三度にわたってローマと激しく戦ったポントス王国（現トルコ東北部）のミトリダテス六世は、建国者ロムルスがオオカミに育てられたとの故事を踏まえ（図1-4）、「彼らローマ人自身が言っていることだが、彼らの都市建設者は狼の乳房で育てられたのであり、その国民全体が血に飽きることのない狼の心を持っていて、支配と富とにがつがつし、それに飢えているのである」（ポンペイウス・トログス、ユニアヌス・ユスティヌス抄録『地中海世界史』三八）と述べたが、ローマ軍は、この言に違わない、まさに豺狼《さいろう》の集団だったのである。

図1-4　オオカミに育てられるロムルスとレムス

市民軍の危機と職業軍人の誕生

しかし、ポリュビオスが描いたような市民軍の制度は、その記述がなされたまさにその当時、足元が掘り崩されつつあった。

その最大の要因は、第二次ポエニ戦争（前二一八〜前二〇一年）を機に、ローマがイタリアを越えて、その勢力を急速に拡大させていったことにあった。

ローマのイタリア外への進出は、第一次ポエニ戦争(前二六四～前二四一年)後にカルタゴからシチリア島を獲得したことに始まったが、第二次ポエニ戦争中には、スペインや北アフリカに軍を送るようになり、またカルタゴと結んだ東方のマケドニアとも交戦した。戦後、ローマは、カルタゴ領であったスペイン南部を獲得し、属州ヒスパニアとした。しかし、ヒスパニアでは、ローマ支配に対する現地民の反抗が前一三三年まで執拗に激しく続いた。マケドニアとの戦争も、さらに三度にわたって起こった。この間、マケドニア以外のヘレニズム国家への介入の度合いも高まっていく。そして、前一四六年に、ローマはついにカルタゴを滅ぼし、さらにマケドニアとギリシアも属州化したのである。こうして、第二次ポエニ戦争終結後の半世紀ほどの間に、ローマは、西はスペインから東はマケドニア、ギリシア、南はカルタゴの故地である北アフリカまで、その支配領域を広げたのであった。しかし、支配領域の拡大は、ローマが新たな敵に直面することを意味し、戦争は慢性化していた。

このような状況で、半ば職業軍人化する兵士が現れてきたことは驚くに値しない。リウィウスの『ローマ建国以来の歴史』(第四二巻三四)が伝えるスプリウス・リグスティヌスという人物は、その代表例である。

リグスティヌスは、前二〇〇年に兵士となり、第二次マケドニア戦争(前二〇〇～前一九六年)

に三年間従軍したことを皮切りに、一時の除隊期間を除いて、ヒスパニアとマケドニアを転戦し、幾度も百人隊長を務め、実に二二年間も軍にあったというのである。リグスティヌスが軍人を職業とするようになった背景には、戦争の慢性化による兵士の需要に加えて、貧農であったことが挙げられる。リグスティヌスは、一ユゲルム(〇・二五ヘクタール)の土地しか保有しておらず、これではその六人の息子と二人の娘を養うことは難しかったに違いない。そのためリグスティヌスは、本来であればその財産額からして徴兵対象外であったにもかかわらず、給与や略奪品の分配を目当てに軍団に自発的に志願していたのである。ただし、武具の国家からの支給はこの段階ではなかったので、入隊に際しては、自前で何とか調達したのであろう。

戦争の慢性化は、リグスティヌスのような貧しい市民に軍人として生計を立てる道を開いたが、一方で、本来の徴兵対象であった有産市民の没落を引き起こした。有産市民の多くは中小農民であったが、彼らのなかには、戦争の慢性化によって一家の働き手を軍に長期間とられたことで、土地を手放さざるをえなくなる者も出てきたのである。軍団は、毎年、三月に編成され、一〇月に解散されていたが、それはこの期間が農閑期に当たっていたからである。この期間を超えての従軍は、農民には重い負担であった。そして、有産市民の没落は、武装を自弁できる有産市民から成るローマ軍存続の危機でもあった。

この危機を中小農民の再建によって乗り切ろうとしたのが、グラックス兄弟であった。

兄のティベリウス・グラックスは、前一三三年に、平民を守ることを主たる任務とする護民官に選出されると、五〇〇ユゲルム(一二五ヘクタール)を超える公有地の占有を制限する法を民会に提案、可決させた。公有地というのは、ローマがイタリアでの戦争において敵国から奪って国有としていた土地のことである。当時、この公有地の多くを有力者が私有地化し、そこに戦争で獲得した多数の奴隷が投入されて、大規模な商品作物用の農場が経営されていたのである。このようなラティフンディウムと呼ばれる奴隷制大農場もまた中小農民を圧迫していた。そのため、ティベリウスは、公有地の占有を五〇〇ユゲルムに制限し、制限を超える土地を没収して、没落した中小農民に分配したのである。しかし、ティベリウスは、その強引な政治手法が反発を招き、護民官となって一年に満たずして、反対派の手によって殺害されてしまった。

その後、前一二二年には、弟のガイウス・グラックスが護民官となり、兄の遺志を継いで、再び公有地の制限をはじめとする、さらに大規模な諸改革を試みたが、同じく反対派の手に斃れた。ティベリウス以来続いていた公有地の没収と分配も、ガイウスの死と共に終わった。こうして、中小農民の再建によるローマ軍の立て直しという方向性は潰えた。

ローマ軍崩壊の危機に別の方向性からの解決を図ったのがマリウス(前一五七?〜前八六年)であった。マリウスは、前一〇七年に、北アフリカのヌミディア王国の王ユグルタとの戦争に際して、従来兵役を免除されていたプロレタリイと呼ばれる無産市民を兵士として募集し、従軍に必要な財産資格を完全に取り払ったのである。従軍に必要な最低限の財産は、セルウィウスの制度では一万一〇〇〇アスであったのが、ポリュビオスの段階で四〇〇〇アス、さらにマリウスの改革の直前で一五〇〇アスにまで引き下げられていたので、マリウスは、この傾向をもう一歩推し進めたにすぎないとも言えるが、しかしながら、財産資格を完全になくしてしまったのは、やはり革命的だった。この措置に応じて、武具も国家から支給されるようになった。

こうして、マリウスの改革以後は、兵士の大部分が、先述のリグスティヌスのような軍務を職業として選んだプロレタリイによって占められるようになったのである。

プロレタリイたちは、彼らを募集した政治家に個人的に雇用されたようなものであり、また戦争の終結後には、退職金として、これもまたその政治家の力で土地の配分を受けたので、政治家とのつながりは強く、彼らの私兵としての性格を帯びるようになった。マリウス以後の政争が武力を伴うようになっていくのは、このためであった。

軍団の半常備軍化

第二次ポエニ戦争後は、兵士の職業軍人化と並行して、彼らの受け皿である軍団自体も次第に常備軍化していった。言及してきたように、軍団は三月に編制されて、同じ年の一〇月には解散されるべきものであったが、次第にこの期間を超えて存続するようになっていったのである。

その理由は大きく二つある。一つは、ローマの海外領土である属州の増加である。属州は、前二世紀の半ばまでに、シチリア島(前二四一年)を皮切りに、コルシカ・サルディニア(前二三一年)、ヒスパニア・キテリオル(前一九七年)、ヒスパニア・ウルテリオル(前一九七年)、マケドニア(前一四六年)、アフリカ(前一四六年)、アシア(前一二九年)、ガリア・ナルボネンシス(前一二〇年)、ガリア・キサルピナ(前一二〇年)の九つとなっていたが、これらの属州のうち、ヒスパニアやマケドニアなどの一部の属州では、治安維持のために軍団が置かれ、その駐屯期間は半年で済まず、一年を超える必要がしばしば出てきたからである。

また戦争の長期化も、軍団の常備軍化に繋がった。例えば、前述のポントス王ミトリダテス六世との間で前八八年に起こったミトリダテス戦争は、前六三年に終結するまで二五年の間、断続的に三次に及んだ。この間の前六七年にポンペイウスは、東地中海域で猖獗《しょうけつ》を極めていた海賊を討伐する権限を民会によって与えられたが、その権限は向こう三年間にわたって、一万二〇〇〇の歩兵と四〇〇〇の騎兵、軍船二七〇隻を指揮できるというものだった。ポンペイウスは、三年の期限が切れた後も、別の法案によって軍の指揮権が更新された。そして、そのまま東方に留まって、第三次ミトリダテス戦争の指揮を執り、さらにシリア、パレスティナに至る地域を大征服し、ローマに帰還したのは前六二年のことであった。ポンペイウスの遠征は総計五年に及んだ。

実際に、第一次から第三次のミトリダテス戦争の継続中、二二年間にわたって存続した二つの軍団があった。二つの軍団は、フラックスによって創設され、その後、フィンブリア、スラ、ルクルス、ポンペイウスといった司令官に引き継がれ、このうちのフィンブリアの名にちなんで、フィンブリア軍団と呼ばれていた。プルタルコスによれば、フィンブリア軍団は、「軍司令官であった執政官フラックスをフィンブリアと組んで殺害したばかりか、続いてそのフィンブリアを裏切ってスラに引き渡したという畏れ知らずの無法者であると同時に、戦争経験の豊富な勇敢かつ屈強な猛者たちでもあった」(『英雄伝』「キモンとルクルス」七)とされている。フィンブリア軍団は、もはや臨時編制の軍団ではなく、ひとつのカラー、あるいは意思を持った集団としての軍団となっていたのである。

カエサルの軍隊

その多くが職業軍人から成る、半ば常備軍化した軍隊の一つの完成形態は、カエサルの『ガリア戦記』に描かれている。

『ガリア戦記』は、カエサルによって遂行されたガリア征服戦争の記録である。ガリアは、現在の北イタリアからフランス、ベルギーを含む広い地域の名称で、カエサルの時代には、北イタリアと南フランスは、それぞれガリア・キサルピナとガリア・トランスアルピナとしてローマの属州になっていたが、フランス中北部からベルギーにかけての地域は未だローマに服していなかった。この地域には、インド・ヨーロッパ語族に属するケルト系の人びとが住んでいた。彼らは統一国家を成しておらず、部族国家が乱立している状態にあった。カエサルは前五八年に、ガリア・キサルピナとガリア・トランスアルピナ、そしてイリュリクム（バルカン半島西部）の三つの属州の総督に任じられたことを機に、この未征服のガリアへの遠征に乗り出したのである。

遠征の開始時にカエサルの指揮下にあったのは、四個軍団であった。三個はガリア・キサルピナに、一個がガリア・トランスアルピナに置かれていた。四つの軍団とも、カエサルが赴任する以前から属州に駐屯していたようであり、その起源は明らかではないが、半ば常備の駐屯軍であったのだろう。カエサルは、この四個軍団を「古強者」と呼んでいる（第一巻二三）。その後、カエサルは、必要に応じて、漸次軍団を新たに編制し、最終的には一二個の軍団を保有することになった。ガリア遠征は、前五〇年までの足掛け九年に及んだので、カエサル赴任以前から存在した軍団などは、一〇年以上の戦歴を持つことになった。『ガリア戦記』には、コシディウスという名の古参兵が登場するが、この人は「スラの配下で、ついでクラッススの軍隊で奉公し、戦争体験に長じた一流の兵士」（第一巻二一）であったとされており、おそらく三〇年ほど軍にいたのであろう。

対するガリア人の軍は、騎士と呼ばれる戦士階級から構成されていた。戦争になると彼らは、「武装奴隷や従者に取り巻かれて出陣」(第六巻一五)して来たとされている。ガリア人は毎年のように戦争を行っていたとされており、それなりに精強であったと考えられるが、寄せ集めの軍隊の印象はぬぐえず、職業軍人からなり、半ば常備軍化していたローマ軍の相手ではなかった。

現に、カエサルの率いた軍は、その戦闘能力が極めて高く、寡兵を以て敵の大軍をよく打ち破っている。

戦争の一年目である前五八年には、カエサルは、ヘルウェティイ族と戦った。ヘルウェティイ族は、現在のスイスに本拠を置く部族だったが、近隣の諸部族と共に民族移動を起こし、ローマの属州を脅かしたので、カエサルは武力に訴えたのである。ヘルウェティイ族を中心に移住を試みた者の数は、三六万八〇〇〇人、うち戦闘員は九万二〇〇〇人だったとされている。これに対して、カエサルが率いていた軍団は、古強者の四個軍団と新たに徴募した二個軍団の計、六個軍団であった。カエサル時代の一軍団は、四八〇〇名の規模であったので、およそ三万の兵力であった。他にもローマに味方する現地の部族からの援軍があったが、その数は定かではない。たとえ軍団兵と同数の援軍があったとしても、敵の三分の二の兵力にしかならない。

図1-5　アレシアの封鎖施設

しかし、カエサルは、ヘルウェティイ族らに大勝した。移動を起こした者のうち故国に戻れた者は、その三分の一弱の一万人に過ぎなかったという。

戦争七年目の前五二年には、ガリア人は、アルウェルニ族（現フランス中部のオーヴェルニュ地方に居住）の若者ウェルキンゲトリクスなる者を指導者に、カエサルに対して大反乱を起こした。ウェルキンゲトリクスは、会戦で打ち破られたのち、フランス中東部の現ディジョン近郊にあった城塞都市アレシアに八万の兵とともに立てこもった。ローマ軍は、アレシアを大規模な封鎖施設を造って包囲した（図1-5）。しかし、背後からはガリアの諸部族からの援軍、騎兵八〇〇〇と歩兵二五万が襲来した。この戦争に参加したカエサル側の軍勢の正確な数は分からないが、軍団の総数はこの段階では一一個軍団であったので、全軍団が参加していたとしても五万二八〇〇人である。これに加勢した援軍の数も分からないが、同数を大きくは超えなかったであろうから、カエサルの軍は最大でも一〇万ほどと見積もることができる。その兵力はガリア軍の三分の一以下である。

最大の激戦地となったのは、アレシア北方の丘であった。ここでは地形上、封鎖施設が途切れており、代わりに二個軍団ほどが配備されていたが、弱点と見たガリア人の援軍の精兵六万が押し寄せてきたのである。そのため、丘を守る軍団兵は苦戦を強いられた。カエサルは、この様子を見て取ると、部下のラビエヌスに六個大隊を与えて、救援に向かわせた。しかし、ラビエヌスも苦戦したため、カエサルは次々と数個大隊を送り込み、最後には、カエサル自ら深紅のマントを翻して出撃した。カエサルの出撃を目にして敵味方両軍は沸き立ち、戦闘は佳境に入ったところで、ひそかに迂回していたローマの騎兵部隊と軍団の別動隊がガリア人の援軍の背後を突いたため、ガリア人の援軍は総崩れとなった。援軍が雲散霧消するのを目にしたウェルキンゲトリクスは、事態に絶望して、翌日、カエサルに降伏を申し出てきた。

カエサルの軍には、ポリュビオスの時代に存在したウェリテスやハスタティなどの年齢や武装の違いによる兵士の区分はみられなくなっている。この変化はマリウスの時代に起こったもので、先に見たようにマリウスが軍団兵の徴募に際して財産資格を取り払い、武具を国家が支給するようになったことに起因している。武具は、投げ槍とイベリア剣に統一され、その結果、ウェリテスは軍団からはなくなり、軍団兵は、すべて同じ装備の重装歩兵となったのである。同時期には、軍団から騎兵もいなくなり、騎兵は同盟国や同盟部族からの援軍に専ら頼るようになった。軍団の象徴を黄金のワシの像に統一したのもマリウスである。プリニウスの『博物誌』(第一〇巻一六)によれば、マリウス以前には、ワシの他に、オオカミ、ミノタウルス(半人半牛の怪物)、ウマ、イノシシの像も用いられていた。また軍団に次ぐ部隊の稼働単位は、中隊(マニプルス)ではなく、大隊(コホルス)となっている。大隊は、中隊を三つ組み合わせて編制されたもので、早く第二次ポエニ戦争時の前二〇六年に用いられたことが知られているが、これを本格的に軍団に導入したのもおそらくマリウスだった。

カエサル軍の強さの要因には、その土木技術の高さもあった。軍は、防御の施された野営陣を短期間で造成する能力を有した。陣営に留まる限り、ガリア人には手も足も出せなかったのである。逆に、陣営から策略で引きずり出された一五個大隊が全滅させられたこともあった。なお、ローマ人の野営陣は、ポリュビオスに始まり、後一世紀のヨセフスを経て、古代末期のウェゲティウスに至るまでの著作家たちの賞賛の的であり続け、その建造方法についての専著も伝ヒュギヌスによって帝政期には著された。アレシアを包囲した際には、先に言及したように、封鎖施設が造られたが、これはアレシアの町を三重の壕と土塁と防柵で取り囲むもので、全長は一五キロメートルにも及んだ。都市の攻撃に際しては、その城壁を乗り越えるための大規模な接城土手(図1-6)が築かれた。同じくガリア人の大反乱の際に、カエサルは都市アウァリクムを陥落させるために、幅一〇〇メートル、高さ二四メートルもの接城土手を、二五日かけて建造したのである。

カエサルの軍は、恐るべき略奪者でもあった。略奪品には、黄金などに加えて、重要なものとしては捕虜があり、彼らは奴隷として売却された。カエサルは、戦争二年目の前五七年にアトゥアトゥキ族の立てこもる都市を落とした際には、すべての分捕り品を競売にかけて、捕虜を奴隷として売ったが、売却された捕虜の数は五万三〇〇〇人に上ったという。プルタルコスは、『英雄伝』(「カエサル」一五)において、カエサルの遠征を次のように印象的に要約している。カエサルは、「ガリアでの一〇年に満たない戦争の間に、八〇〇を越える城市を攻め落とし、三〇〇の民族を足元に従え、のべにして三〇〇万人の敵を相手に陣列を構えて、そのうち一〇〇万人を討ち取り、同じ数を捕虜に取ったのである」と。

図1-6　接城土手

アウグストゥスによる常備軍化――「兵民分離」体制の確立

以上のように、ローマ軍の職業軍人化と常備軍化は、第二次ポエニ戦争以後、次第に進んでいったのであるが、これを制度的に確立させたのは、最初に述べたように、カエサルの養子で、初代のローマ皇帝となったアウグストゥスであった。

三世紀に書かれたカッシウス・ディオの『ローマ史』（第五二巻二七）によれば、アウグストゥスは内乱を終結させた翌年の前二九年に、今後のローマの政体をいかなるものにするべきか、腹心のアグリッパとマエケナスと議論した。この時、アグリッパは民主政を、マエケナスは君主政を勧め、二人の意見を聞いたアウグストゥスは、結局、君主政を選んだとされている。そして、この時に、君主政を勧めたマエケナスは常備軍を設置すべきと主張した。

具体的には、常備軍はローマ市民と属州民、そして同盟国民から編制されるべきこと、またこれらから成る軍をそれぞれの属州の必要に応じて適宜配備して、軍は常に臨戦態勢に置き、その常駐する陣営を戦略的要地に構築すべきこと、さらに兵士には、勤務年限を定めて、退役後、老年になるまでの間に余裕を持たせてやるべきであることなどをマエケナスは説いたのである。

マエケナスの考えでは、常備軍を保有することで、敵と接する遠くの属州で起こる有事の際に、わざわざイタリアから遠征軍を送り出す必要はなくなり、また軍務可能な者全員を武装させておくことで生じうる騒乱や内戦を防ぐことができるのであった。逆に、常備軍を持たず、また全ての者を軍務から遠ざけるならば、いざというときに役に立つ兵士がいないことになってしまうので、これを避けるべく、普通なら盗賊になるような屈強な者を兵士として訓練を施し、軍務に専心させるべきであり、そうすれば、農業なり、船乗り業なり、平和な生業ある者が盗賊に悩まされることも、遠征に駆り出されるようなこともなくなるので、一石二鳥となるというのであった。

常備軍を設置すべきとのこのマエケナスの主張は、アウグストゥスとの間で交わされたとされるあるべき政体を巡る議論自体と共に、実は、ディオの創作である可能性が高いとされているが、アウグストゥスが軍を常備軍化したのは疑いない事実である。

しかし、それが実行に移されたのは前一三年で、アウグストゥスが内乱を終結させてから一七年も後のことであった。この間、アウグストゥスは、内乱終結時に六〇ほどあった軍団を整理し、二八個まで減らした。常備軍化の対象となったのは、これら二八個の軍団であったのでありその常備軍化は、これを高らかに宣言するような形ではなく、兵士たちの勤務年限と給与、退職金を定めることで漸次成し遂げられた。

アウグストゥスは、軍団兵士の勤務期間を現役一六年と定め、また退役時には、退職金を支払うこととした。勤務期間は、後に予備役としての四年間が付け加えられ二〇年となり、さらに後五年には、現役二〇年、予備役五年の計二五年となった。やがて現役と予備役の区別もなくなった。前一三年に定められた退職金の額は不明であるが、後五年には増額されて一万二〇〇〇セステルティウスとなった。また、アウグストゥスは、退職金支払いのための財源として、新たにローマ市民に相続税と競売税を課し、これらのお金を管理する軍事金庫（アエラリウム・ミリタリス）も後六年に設立した。アウグストゥス自身、軍事金庫設立に際しては、一億七〇〇〇万セステルティウスを拠出している。一般兵士の給与は、年間九〇〇セステルティウスであったが、この額はカエサルが定めた額を据え置いたものである。参考までに、当時、小麦一モディウス（約六・七キロ）は三セステルティウスであり、並みのワインは一リットル一セステルティウスで、公共浴場の入浴料は四分の一セステルティウスであったので、九〇〇セステルティウスあれば、高給取りではないが、生活に不自由することはなかったであろう。

こうして前一三年以後、軍団を構成する兵士の待遇が固定されたことで、アウグストゥスの治世には、軍団は、半年ごと、あるいは必要に応じて編制、解散されるものではなくなり、完全な常備軍と化した。兵士たちから見れば、軍団は、一定の年限で常時勤務する場となったのである。このような長期間勤務の兵士を徴兵で賄うことは不適当であるので、徴兵制度そのものは残ったものの、常備軍化に伴って、兵士の職は、非常時を除いては、これを職業として自発的に選択した志願兵によって専ら担われるようになった。

次章でみるように、アウグストゥスの常備軍は、そのほとんどが辺境の属州に配備されたが、このことは兵士が徴兵制による市民兵ではなく、志願兵制に基づく職業軍人になったことと相まって、市民の大多数を軍務から遠ざけることになった。アウグストゥスは、在職中の兵士に結婚を禁じたとされ、また劇場や闘技場などでも兵士と市民の席を分けたが、これらのことも兵士と市民との距離をとることにつながった。そして、兵士と市民の分離こそ、アウグストゥスが常備軍を設置した最大の目的であったのだろう。一〇〇年に及んだ内乱の勝利者であったアウグストゥスにとって何よりも恐るべきは、内乱の再発であり、その防止には、容易に武器をとる浮足立った市民をまずは軍務からできるだけ切り離すことが必要であったのである。

市民と軍務とに隔たりがあることは、君主政体にとっては好都合であった。市民から武器を取り上げ、君主のみが軍事力を握れば、その地位は安泰だからである。逆に、武装した市民は、君主に対して容易に対抗できる。アウグストゥスは、市民から武器を取り上げることはしなかったが、常備軍を設立することで、実質的に市民の武装解除を成し遂げたのであった。しかし、軍と市民の距離がとられたことは、軍を帝国内の特殊な集団としてしまったことを意味し、その距離は時代と共に開いていくことで、最終的には、ローマ帝国の滅亡ともかかわってくることになる。

第二章　「ローマの平和」を支える
――前期ローマ帝国の軍隊

ハドリアヌスの長城（イングランド，ノーサンバーランド州ハウスステッズ付近）

理想的なローマ軍?

ローマ帝国はその最初の二〇〇年ほど、すなわち初代皇帝アウグストゥスの治世(前二七〜後一四年)から五賢帝時代(九六〜一八〇年)の間は、「ローマの平和(パックス・ロマーナ)」と呼ばれる安定と繁栄を享受したとされている。しかし実際には、その輝きは、五賢帝最後のマルクス・アウレリウス帝の治世(一六一〜一八〇年)には翳りを見せ、軍制のうえでも変化が始まる。そのため、本章では、まずはアウグストゥスからマルクス・アウレリウス帝の前任のアントニヌス・ピウス帝治世(一三八〜一六一年)までのローマ軍を取り上げる。

読者は、この時代のローマ軍について、どのようなイメージを持たれているだろうか。筆者などは、直ちに、次のエドワード・ギボンの『ローマ帝国衰亡史』の冒頭を想起する。すなわち、「西暦第二世紀、ローマ帝国の版図は世界のほぼ大半を領し、もっとも開化した人類世界をその治下に収めていた。そしてこの広大な帝国の辺境は、古来その勇名と軍紀の厳しさとをもって鳴ったローマ軍の手で衛られ、柔軟にして、しかも強力な法と習俗の力とが、漸次諸属州の統合を固めていった」(中野好夫訳)との叙述である。ギボンの叙述から浮かび上がるローマ軍のイメージは、文明世界をその辺境にあって蛮族から防衛する、勇敢で規律正しい軍隊である。しかし、果たして実態はどうだったのであろうか。

軍の組織

この時代のローマ軍は大きくは、属州に駐屯した軍団と補助軍、そして本国であるイタリアの近衛隊から構成されていた。海軍も存在したが、ローマ帝国史においてはそれほど重要な役割を演じなかったこともあり、本書では扱わない。

軍団(レギオ)

ローマ帝国の軍隊の中核をなしたのは、アウグストゥスによって常備軍化された軍団であった。軍団は、五二四〇人の兵員で編制された。内訳は、歩兵が五一二〇人、騎兵が一二〇騎である。その規模は、ポリュビオスの伝える非常時の兵員、すなわち歩兵五〇〇〇人(平時は四二〇〇人)と騎兵三〇〇騎と大きくは変わらない。騎兵はマリウスの時代以後一時、軍団からはいなくなっていたが、アウグストゥスによって復活させられた。ただしその数は少なく、軍団の主力はあくまでも歩兵であった。

歩兵は、一〇の大隊に分けられており、第一大隊のみ八〇〇人を擁した。残りの九つの大隊は、四八〇人規模であった。さらに第一大隊は五つの百人隊に、その他の大隊は六つの百人隊に分かれていた。百人隊も第一大隊のみ規模が大きかったわけである。これら五九の百人隊が軍団の基本的な稼働単位であり、百人隊長によって指揮された。軍団の最小単位は、「テント組」と呼ばれた八人からなるもので、兵士たちは戦時においても、平時においてもこの八人で寝食を共にした。

軍団の数は、アウグストゥスが死去した後一四年には二五個になっており、アントニヌス・ピウス帝の治世には二八個あった。兵員数で言えば、二八個軍団で一四万六七二〇人である。

軍団には、ローマ市民権の保持者だけが入隊可能で、基本的に志願兵から成っていた。ローマ市民権は、その保持者にローマ法の庇護を与え、また税制上の優遇もしたので、一種の特権であった。序章で紹介した使徒パウロは千人隊長リシアの取り調べを受け、鞭打たれそうになるが、その時、パウロは「ローマ帝国の市民権を持つ者を、裁判にかけずに鞭で打ってもよいのですか」と言い、これを聞いたリシアは「彼を縛ってしまったことを知って恐ろしくなった」(「使徒言行録」二二・二五〜二九)と書かれている。リシアは、属州の人間であるパウロがローマ市民であるはずがないと決めてかかっていたのである。このエピソードがよく示すように、帝政初期においては、属州でローマ市民権を有する者は稀であった。したがって、帝政初期の軍団兵は、ほぼイタリアの出身者で占められていた。しかし、市民権が次第に属州にも広がっていくと、軍団兵には属州出身者が増加し、通説的にハドリアヌス帝治世(一一七〜一三八年)以後は、軍団兵は現地徴募になったとされている。

志願兵で兵員を満たすことが可能であったのは、以下で見るように、「ローマの平和」の時代には戦争に巻き込まれることが少なかった上に、確実に現金収入を得ることができ、衣食住に事欠かず、また軍医による医療すら受けられたからであり、軍隊生活には過酷な面もあったとはいえ一般の庶民にとっては、かなりの魅力があったからであろう。

勤務期間はアウグストゥスによって定められた二五年が「ローマの平和」の時代を通じて維持されていたが、給与は、ドミティアヌス帝の時代(八一～九六年)に九〇〇セステルティウスから一二〇〇セステルティウスに引き上げられた。

個々の軍団を指揮したのは、属州エジプト駐屯の軍団を除き、元老院議員の軍団司令官であった。ローマ帝国の時代になっても、共和政期に引き続き、帝国統治の重要ポストは、元老院議員に委ねられていたのである。軍団司令官は、議員の中でもプラエトル(法務官)という役職を経験した者の中から選ばれた。プラエトルには、通常、三〇歳くらいで就いたので、軍団司令官には三〇代の者が多かったことになる。任期に厳密な規定はなかったが、三年程度が普通であった。

軍団内で軍団司令官に次ぐ地位にあったのは、六名の軍団将校である。六名のうち一名は、元老院議員の子弟で、しかしまだ正式には議員になっていない、年齢的には二〇歳前後の若者であった。残りの五名は騎士身分の者から選ばれた。

騎士は、ローマ帝国では元老院議員に次ぐ身分である。もともとは字義通り騎兵を意味したが（原語のエクエスはエクウス〈馬〉に由来）、帝政期には、馬を自弁できるほどの財力のある者を指すようになっており、資格財産として四〇万セステルティウス以上が要求された。その実態は、元老院議員と同じく、都市の富裕者層であり、元老院の席に空きが出た場合は、この身分から埋められたので、騎士の上層は元老院議員と本質的な差はなかった。騎士身分の者は、軍団将校に就く前に、出身都市での役職者を経て、さらに補助軍歩兵部隊の司令官も経験しており、年齢的には三〇代に入っているのが常であった。軍団将校の任期も三年ほどであったとされている。

軍団内で、軍団司令官と元老院議員身分の軍団将校に次いで、第三の地位を占めたのは、軍営長（プラエフェクトゥス・カストロルム）である。軍営長は、軍団司令官や軍団将校とは異なり、兵卒上がりのたたき上げの軍人だった。その主たる職務は、野営陣設営の指揮とそのために必要な物資の管理などであったが、軍団司令官不在の場合は、軍団そのものを率いた。軍営長には、騎士の身分が与えられていた。そして、軍営長の下に、先に言及した百人隊長が続いたのである。

補助軍（アウクシリア）

補助軍は、その名の通り、軍団を補助する部隊である。補助軍の起源は、共和政期においてしばしば見られた同盟国や同盟部族からの援軍である。例えば、前章で見たように、カルタゴとのザマの戦いでは、ヌミディア王国からの援軍騎兵がローマ側に参加していた。さらに援軍の一部には、軍団と同じく、半ば常備軍化していた部隊もあった。カエサルの『ガリア戦記』には、「ヌミダエ族とクレタ人の弓兵隊とバレアレス族の投石兵」（第二巻七）が登場するが、おそらくこれらの部隊はカエサルがわざわざこの時点でクレタ島などから援軍として呼び寄せたのではなく、カエサルが総督であった属州に、軍団と共に、半ば常備軍として駐屯させられていたのであろう。そして、これらの援軍を整備して、補助軍として常備軍化したのもアウグストゥスであった。

補助軍には、騎兵部隊（アラ）、歩兵部隊（コホルス）、騎兵と歩兵の混成部隊（コホルス・エクイタタ）の大きく三種類があった。騎兵部隊と歩兵部隊の規模は、通常五〇〇人で、一〇〇〇人からなる場合も時にあった。騎兵と歩兵の混成部隊は騎兵一二〇騎、歩兵四八〇人で編制された。アントニヌス・ピウス帝の治世には、四四〇を超える補助軍部隊が存在していたことが知られている。仮にすべてが五〇〇人規模としても、二二万人の兵員がいたことになり、その数は軍団兵よりもはるかに多かったことになる。

補助軍の兵士は、主に属州の非ローマ市民から徴募された。そのため、部隊には「ネルウィイ族〔現ベルギーにいた部族〕から成る第六歩兵部隊」、「ハマ〔シリアの都市〕の人々から成る第一騎兵部隊」のように、しばしば徴募された民族や地域の名称が付いた。ただし、補助軍の名称に付いた民族名や地域名は、あくまでも編制当初の徴募民族や地域を示しているにすぎず、その兵員構成は、特に部隊が当初の徴募地域から離れて移動した場合は、時間とともに変化したので、民族色や地域色を必ずしも保持し続けていたわけではなかった。

勤務期間は軍団兵と同じく二五年。給与は、軍団兵よりも安く、年間七五〇セステルティウスであった。第四代のクラウディウス帝の治世〔四一～五四年〕以後は、補助軍の兵士には、除隊後にローマ市民権が付与されたので、補助軍は「ローマ人」を創り出す機能も果たしていた。

補助軍部隊の指揮には、現地部族の指導者が当たることもあったが、反乱の温床となる危険があったため、フラウィウス朝期〔六九～九六年〕には見られなくなった。指揮官には騎士身分の者が充てられ、彼らは、先に見たように出身都市の役職を経験した後に、補助軍歩兵部隊の指揮官になり、次いで軍団将校に、さらに補助軍騎兵部隊の指揮官になった。これら三つの軍事職は、「三軍務」と呼ばれ、騎士身分の者は、「三軍務」を経て、さらに属州の財務官などに出世していくことができた。この昇進ルートが整備されたのも、クラウディウス帝の治世においてであった。個々の指揮官職の任期は三年ほどであった。

辺境に配備された軍団と補助軍

軍団と補助軍は、属州に配備された。タキトゥスは、『年代記』(第四巻五)において、第二代皇帝ティベリウスの治世の後二三年の軍団の配備状況を次のように説明している(図2-1)。「ローマ軍の主力は、ライン河に沿って存在する。ここには、ゲルマニア人とガッリア(ガリア)人の両方に備えて、八箇軍団が駐屯していた。服従して間もないヒスパニアは、三箇軍団によって抑えられる。マウリ族については、王ユバが、ローマ国民からの贈物として、この部族を統治していた。それ以外のアフリカ地方には、二箇軍団が駐在する。エジプトにも同数の軍団兵がいた。

シュリア(シリア)から始まってエウプラテス(ユーフラテス)河に及ぶ広大な領域と、これに隣接しながら、ローマの威信で、異国の侵冦に対して保護されていたヒベリア、アルバニア等の諸王国が、すべて四箇軍団によって制圧されていた。トラキアに関しては、ロエメタルケスと、コチュスの王子らが支配する。ダニューブ(ドナウ)河の沿岸は、パンノニアとモエシアに、それぞれ二箇軍団が駐屯し警備する。ダルマティアにも同数の軍団が駐屯する。これは、その位置からしてパンノニアとモエシアの軍団の後楯となると共に、イタリアが至急の援軍を必要とする場合、すぐ近くから呼び戻す、という配慮からである」。

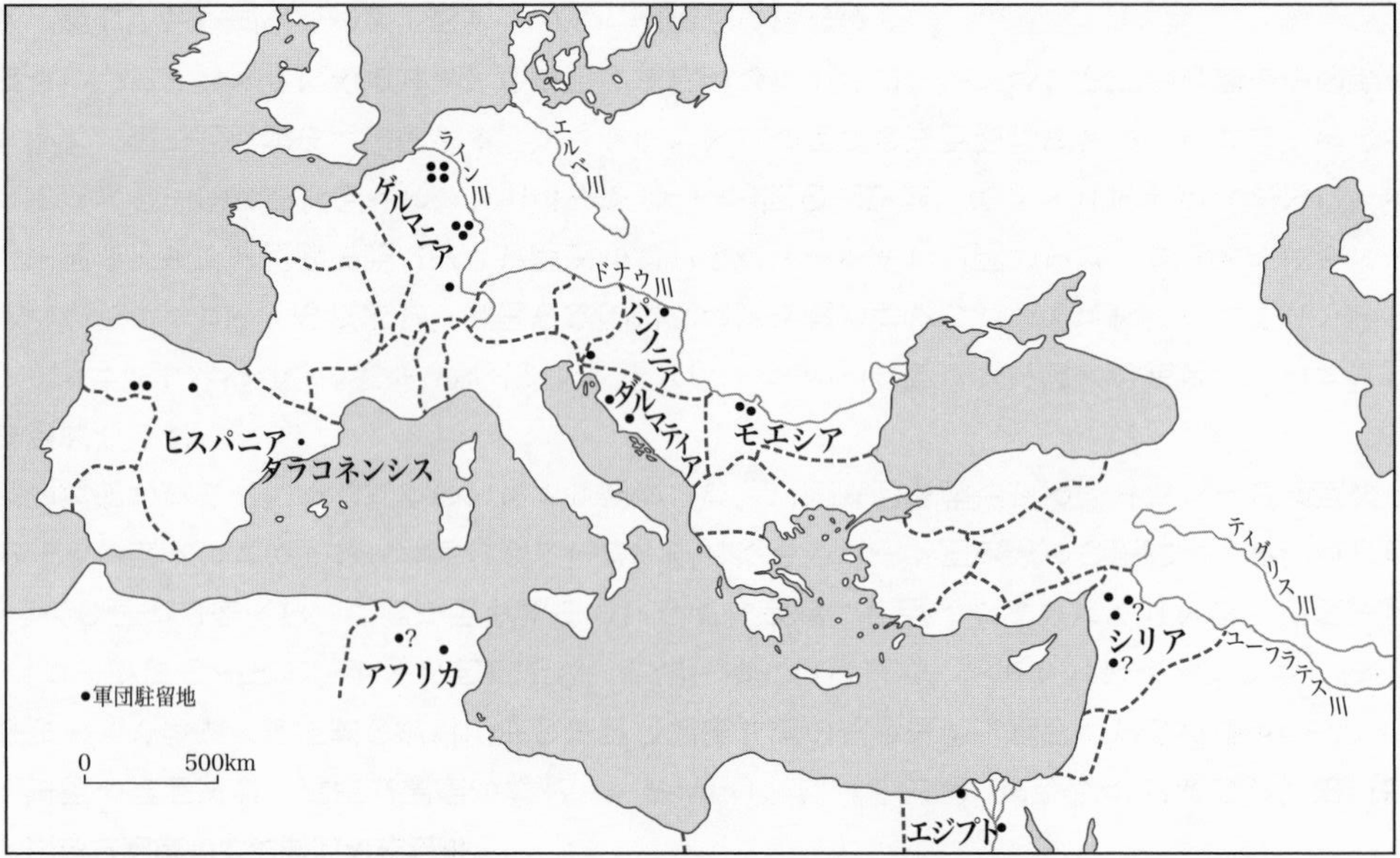

図 2-1　ティベリウス帝治世(後 14-37)の軍団配備

この記述から明らかなように、二五個の軍団は、各属州に均等に配備されていたわけではなく、占領してそれほど時間の経っていない属州や、外敵に接する辺境の属州に主に置かれていたのである。

次に、この段階から一〇〇年以上経ったアントニヌス・ピウス帝治世の軍団の配備状況を見てみよう。こちらは現代の研究による復元であるが、それは次のようであった(図2-2)。

ブリタンニア三個、上ゲルマニア二個、下ゲルマニア二個、上パンノニア三個、下パンノニア一個、上モエシア二個、下モエシア三個、ダキア一個、カッパドキア二個、シリア三個、シリア・パラエスティナ二個、アラビア一個、エジプト一個、アフリカ一個、ヒスパニア・タラコネンシス一個。

ティベリウス帝の時代と比較してみると、いろいろと違いがある。例えば、ブリタンニアとダキアが新たな領土として加わって、軍団が配備されるようになっている。ヒスパニア・タラコネンシスは治安が安定したため、軍団数が三個から一個に減らされている。また、軍の主力が置かれている地域がライン川流域からドナウ川流域へと移っている。すなわち、ティベリウスの時代には、ライン川流域に八個軍団が置かれていたが、半分の四個軍団(上ゲルマニアと下ゲルマニア)に減らされている一方で、ドナウ川流域の諸属州(上パンノニア、下パンノニア、上モエシア、下モエシア、ダキア)に一〇個の軍団が配備されるようになっているのである。これは、

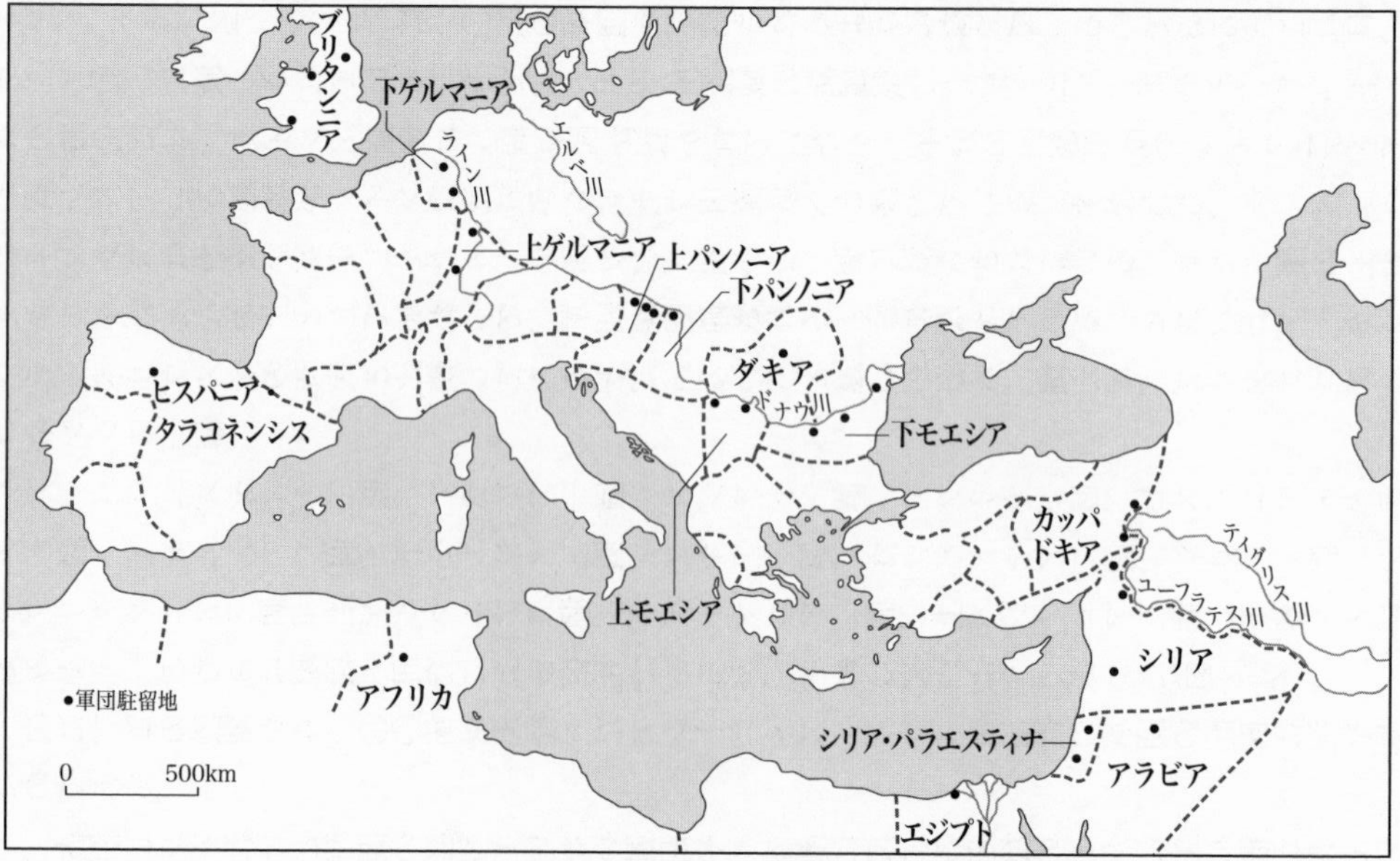

図 2-2　アントニヌス・ピウス帝治世(後 138-161)の軍団配備

ゲルマン民族の軍事的な圧力がライン川流域からドナウ川流域へと移っていた、その反映である。このような違いはあるものの、軍団が基本的には、外敵に接した辺境の属州に多く配備されているという状況が、内地の安定に伴って、いっそう鮮明になっている。

補助軍の正確な配備状況は明らかではない。タキトゥスは、「各属州の適当な場所に、同盟者の三段櫂船団、援軍（補助軍）の騎兵と歩兵隊が、配置され、これらの全兵力は、ローマの正規軍と較べて、決して劣らなかった。けれども、その一つ一つについて確かめようとしたが、困難であった。各地の同盟軍は、時々の必要に応じて、あちこちと移動し、さらに、ある時は増員され、時には縮小されているからである」（第四巻五）と述べており、タキトゥス自身も補助軍の配備状況の詳細については把握できなかったようである。

しかし補助軍も、概ね軍団数に応じて、属州に配備されていたのは確かである。先に言及したアントニヌス・ピウス帝時代の四四〇ほどの補助軍部隊の内訳は、ブリタンニアに五〇から六〇、ライン川流域の諸属州に四〇、ドナウ川流域には二二〇以上、カッパドキア、シリア、シリア・パラエスティナ、アラビアの諸属州には計六五ほど、エジプトには一五、そして、アフリカとヒスパニア・タラコネンシスには、それぞれ四四と四である。一部の補助軍は、属州ダルマティアやマケドニア、マウレタニア・カエサリエンシスなど、軍団不在の属州にも配備されていた。

軍の駐屯地は、帝国の東西で大きく異なった。ローマが征服する以前から都市文明の発達していた東方の諸属州では、軍団や補助軍は都市内、あるいはその近郊に駐屯した。ユダヤのエルサレムでは都市内に、エジプトのアレクサンドリアではその郊外のニコポリスに軍団が駐屯し、シリアの城塞都市ドゥラ・エウロポスには、補助軍の駐屯区画が都市内に設けられていたことが考古学的に確認されている(図2-3)。ちなみにドゥラ・エウロポスは、三世紀にササン朝ペルシアに滅ぼされて後、二〇世紀前半に発掘されるまで砂に埋もれていたため、「砂漠のポンペイ」と呼ばれるほど保存状態のよい遺跡である。彩色壁画を伴ったユダヤ教のシナゴーグやミトラス教の神殿なども発見されている。

これに対して、西方では軍を収容し得るような都市がほとんど存在しなかったので、東方とは逆に、軍の駐屯地自体が核となって都市が発展することになった。軍は、古代世界では珍しく現金給与を定期的に受ける人たちの集団であったので、その周囲には商人から売春婦までもが群がり、軍営の周辺にはカナバエと呼ばれる民間人の定住地が形成されていったからである。ドイツのボン(ボナ)、ケルン(コロニア・アグリッピネンシス)、マインツ(モゴンティアクム)、イギリスのヨーク(エボラクム)、オーストリアのウィーン(ウィンドボナ)、ハンガリーのブタペスト(アクインクム)、セルビアのベオグラード(シンギドゥヌム)などは、そのような歴史をもつ都市である。イギリスには、シルチェスター、コルチェスターといった「〜チェスター」の語尾を

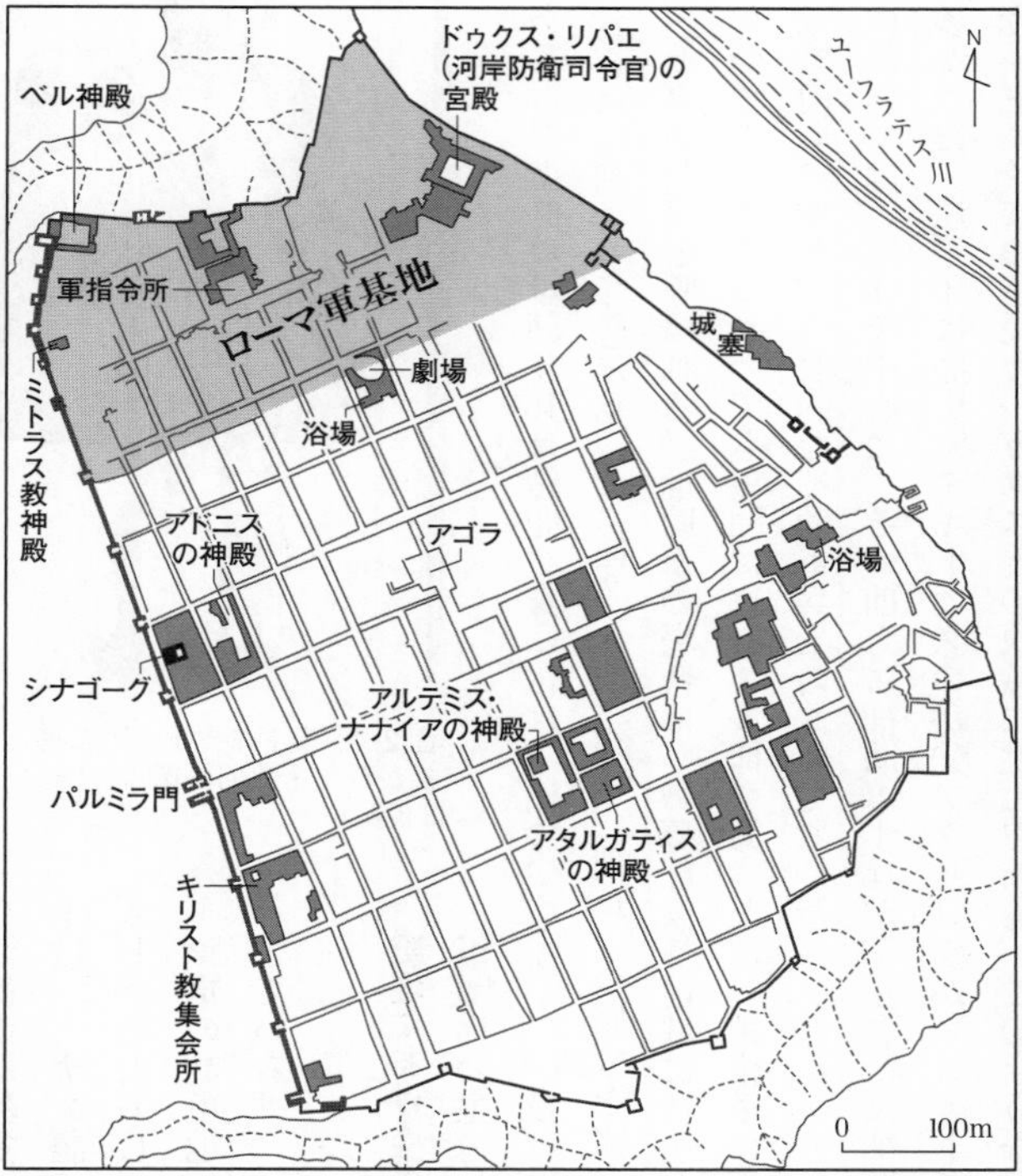

図 2-3　ドゥラ・エウロポス

もつ都市が数多くあるが、チェスターは、ラテン語で軍営を意味するカストラに由来し、これらの都市がローマ軍の駐屯地に起源があることを示している。

図2-4　現ドイツ出土の墓碑に描かれた帝政期の軍団兵（後1-2世紀）

戦場における軍団と補助軍

軍団兵の主力は、先に見たように、歩兵である。典型的な軍団歩兵は鎧兜を身に付け、楯（スクトゥム）、投げ槍（ピルム）、イベリア剣、さらに短剣（プギオ）を帯びた（図2-4）。鎧は、細長い金属板を綴り合わせたもので、ロリカ・セグメンタと呼ばれる。補助軍の場合は、徴募部族や地域に特色があったため、その武装においても、戦法においても軍団に比べて多様であったが、鎖帷子の鎧とスパタと呼ばれる長剣、楕円形の楯が、一般的な補助軍兵士の武装であった。

戦場においては、軍団を中心に、その前方に補助軍歩兵が、左右には補助軍騎兵が配されることが多かった。八三年に歴史家タキトゥスの岳父アグリコラがスコットランドのグラウピウス山でカレドニイ族の首長カルガクスとの決戦に挑んだ時も、このような配置を取ったが、その理由は、タキトゥスによれば「ローマ人の血を一滴も失わずに戦うと、その勝利は一段と華やかに飾られることになろう、もし援軍（補助軍）が撃退されるなら、この後楯となるだろうと考えたから」（『アグリコラ』三五）というずいぶん身勝手なものだった。実際の理由はそれだけではなく、軍団は投射機なども携行していたので――ウェスパシアヌスが第一次ユダヤ戦争で率いた軍団は一六〇基もの投射機を有していた――、行軍に際しては、身軽な補助軍が軍の先を進み、そのまま先鋒を務めることも多かったようである。ちなみに、グラウピウス山の戦いでは、ローマ側は、軍団兵の出撃を見るまでもなく、補助軍のみの力で勝利を果たしている。

イタリア本国の軍事力

軍団や補助軍が専ら属州に配備されていたということは、同時に、帝国の本国であるイタリアには、軍団も補助軍も一つも置かれていなかったことを意味するのであり、これでは皇帝は全く無防備になる。そこで、アウグストゥスは、皇帝の身辺を守る近衛隊を創設した。

近衛隊は当初、九つの大隊から編制されており、一個大隊の人数は五〇〇人であった。合わせて四五〇〇人となり、その兵力は、一個軍団に匹敵した。

アウグストゥスの時代には、ローマ市には、九個大隊のうち三個大隊のみが駐屯しており、残りの六個大隊は、ローマ市近郊の諸都市に分散して駐屯していた。これは、軍事的な理由からではなく、軍事的圧力を元老院にかけないための政治的な配慮からであった。近衛兵は、ローマ市内においては、軍服ではなく、平服を身に着けていたのも同じ配慮からきている。しかし、次のティベリウス帝の代に近衛隊はすべてローマ市に集められた。最終的に、ドミティアヌス帝の治世以後は、近衛隊は一〇個大隊、各大隊一〇〇〇人規模となり、この大隊数と規模が長く維持された。

近衛兵は、主にイタリア半島に住むローマ市民から徴募された。タキトゥスは、具体的に「隊員の大半は、エトルリアやウンブリアや古いラティウムから、あるいは、長い伝統をもつローマ植民市からの募集兵で構成されている」(『年代記』第四巻五)と言っている。

その給与は、軍団兵の三倍あったうえ、勤務期間も一六年と短く、一旦退役した後は、さらなる出世の道も開かれていたので、近衛兵は軍団兵よりはるかに優遇されていた。近衛隊を指揮したのは、騎士身分に属する近衛長官二名で、この近衛長官職は騎士身分の到達しうる最高の官職であった。

近衛隊は、圧倒的に歩兵から成っていたが、トラヤヌス帝の時代(九八〜一一七年)に近衛騎兵部隊(エクイテス・シングラリス・アウグスティ)も創設された。その兵力は、当初は五〇〇騎、後に一〇〇〇騎となった。近衛騎兵部隊は、騎士身分の司令官(トリブヌス)の指揮下にあった。

ローマ市内の軍事力としては、他にも首都警備隊と夜警隊が存在したが、戦闘部隊ではなく、前者は首都の治安維持に、後者は消防に際して用いられた。兵力は、前者が一五〇〇人、後者が三五〇〇人であった。それぞれ元老院議員の首都長官と騎士身分の夜警隊長官に率いられた。いずれもアウグストゥスによる創設である。

皇帝に忠誠を誓う

これら全ての軍の最高司令官は、皇帝であった。個々の軍団の司令官の肩書は、原語ではレガトゥス・レギオニスで、直訳すれば「軍団の(レギオニス)代官(レガトゥス)」となる。この肩書は、軍団司令官が皇帝の代官として、軍団の指揮に当たっていたことを意味している。ひとつの属州に複数の軍団が駐屯している場合は、属州総督がそれらの軍団の総司令官となったが、総督の肩書もレガトゥスであり、やはり皇帝の代官にすぎなかった。

軍は、毎年、一月一日に皇帝に対して新たに忠誠を誓った。ストア派の哲学者エピクテトスは、兵士たちが皇帝の身の安全を何よりも優先することを誓っていたと伝えている。軍営の司令所には、今上の皇帝の胸像が置かれ、崇拝の対象とされた。軍が皇帝に反乱を起こした際に、石が投げつけられ、真っ先に破壊されるのもこの軍営の胸像であった。

ローマ皇帝は、暴君でなければ、元老院によって死後に神格化されたが、神格化された皇帝もまた軍で崇拝された。シリアのドゥラ・エウロポスからは、三世紀のアレクサンデル・セウエルス帝の治世(二二二〜二三五年)に軍で用いられた宗教暦が出土している。それによれば、アレクサンデル帝はもちろんのこと、アウグストゥス、クラウディウス、ネルウァ、トラヤヌス、ハドリアヌス、アントニヌス・ピウス、マルクス・アウレリウス・アントニヌス、ペルティナクスなどの神格化された歴代皇帝の誕生日や即位日などが祝われていた。

ローマ軍というのは、共和政末期のマリウスの兵制改革以後はもはや国家の軍ではなくなっており、皇帝が出現してからも、私兵軍の性格を維持し続けていたのである。

帝位を左右する

皇帝が軍の掌握に意を注いだのは、軍の支持なくしては、その地位を保ちがたかったからである。実際、「ローマの平和」の時代においても、軍は、しばしば帝位継承の問題に関与した。アウグストゥスの後、第三代皇帝カリグラまでは順調に帝位は継承されたが、カリグラは、近衛兵によって暗殺され、この政変に驚き隠れていたカリグラの叔父のクラウディウスを皇帝として担ぎ出したのも近衛兵であった。クラウディウスは、元老院の承認に先立って、近衛兵一人一人に一万セステルティウスを約束し、その忠誠を取り付けている。

軍が皇帝位を左右することがいっそう明白になったのは、ネロ帝の治世末期のことである。

六八年三月に、ネロに対して、属州ガリア・ルグドネンシス総督であったユリウス・ウィンデクスが反旗を翻した。しかし、自身の麾下には軍が存在しなかったため、ウィンデクスは、隣の属州ヒスパニア・タラコネンシスで一個軍団を率いていた総督ガルバに支援を求めた。ガルバはこれを受け入れて、「アウグストゥス」と並ぶ皇帝称号である「最高司令官(インペラトル)」との歓呼を軍から受けた。ガルバを支持する動きが広まり、事態に絶望したネロは同年六月に自殺した。

その後、ガルバはローマ市に入り、正式に皇帝となったが、翌六九年一月一日に、今度は、属州下ゲルマニア駐留の軍団がガルバに忠誠を誓うことを拒否し、総督であったウィテリウスを皇帝に擁立した。このため、ローマ市では混乱が起こり、ガルバの部下のオトは、帝位を狙って近衛隊を煽動し、ガルバを殺害させた。一方で、ウィテリウスはローマ市に向けて進軍し、新しく近衛隊の支持で皇帝となったオトと北イタリアで激突した。ウィテリウスがこの戦いに勝利し、ローマ市に入った。

ところが、同時期には、三個軍団を率いてユダヤ人反乱の鎮圧に当たっていたウェスパシアヌスがやはり軍の支持で皇帝となった。ウェスパシアヌスに味方したドナウ川流域の軍は、ウェスパシアヌスの本軍に先んじて、イタリア半島に進軍し、ウィテリウスを倒し、ウェスパシアヌスが新たにフラウィウス朝を開くことになったのである。

この六九年の内乱後、アントニヌス・ピウス帝の治世に至るまでの間は、直接的に軍が帝位継承に関与することはなかったが、一見、平穏に見える五賢帝時代の帝位継承においても、軍の影響力が見え隠れする。

南川高志の研究によれば、五賢帝最初のネルウァは、即位時既に老齢であった上、跡を継ぐ子供もいなかったため、後継者を巡っては属州シリア総督ニグリヌスと属州上ゲルマニア総督トラヤヌスとの間で暗闘があった。この二人の総督が次期皇帝の候補となり得たのは、帝国で有数の軍事力を掌握していたからである。シリアには三個軍団、上ゲルマニアには二個軍団があった。ニグリヌスは近衛隊と結んで、ネルウァに圧力をかけたが、最終的に、ネルウァはトラヤヌスを養子とすることで、危機を切り抜けた。トラヤヌス帝の死後には、ハドリアヌスがその後継者となったが、ハドリアヌスがトラヤヌスの後継者指名を受けていたわけでもなかったのに皇帝になり得たのは、やはりハドリアヌスがトラヤヌス帝の死亡時に、シリア総督として強大な軍事力を握っていたことが大きかった。

軍がこのように帝位継承の問題に関与できたのは、ローマ帝国では、皇帝選出の手続きが定まっていなかったからである。皇帝の地位は、その成り立ちからして、元老院が与える国家統治の諸権限が集積したものに過ぎなかったので、建前上は元老院によって承認される必要があった。しかし、そもそも誰が皇帝になる、あるいはなり得るのかは定められていなかった。言い換えれば、元老院の承認を得ることのできる者であれば、誰もが皇帝になり得る状況にあったのである。そうして、元老院の承認は、軍事力で脅せば簡単に手に入れることができた。ここに軍が帝位継承に関与する余地が生まれる。そのため、歴代の皇帝たちは、対立皇帝が軍によって擁立されないように絶えずその忠誠を求め、また後継者を事前に指名することで、帝位継承に際しても、軍が介入する余地をなくそうとした。だが、皇帝選出の問題は、根本的に解決されることなく、帝国の宿痾として、その滅亡まで続くことになる。

ローマ帝国の軍事戦略?

一九七六年にアメリカの国際政治学者エドワード・N・ルトワックは、『ローマ帝国の大戦略――一世紀から三世紀まで』を著し、ローマ帝国の軍事戦略に三つの段階があったと論じた。

第一段階は、「ユリウス・クラウディウス朝期のシステム」と呼ばれるもので、ローマ帝国は、ヘゲモニー(覇権)国家として直接支配領域の周辺に庇護国家を置いてコントロールした。そして、この庇護国家が帝国の防衛に重要な役割を果たした。一方、軍団や補助軍は、帝国内地の交通上の要所に集中して配備され、その配備の主目的は、領土防衛ではなく、内地の反乱防止のためであった。

第二段階は、フラウィウス朝にはじまり、セウェルス朝の時代まで続く。この時期には、庇

図2-5　リメス(ドイツ，バイエルン州ヴァルティング近傍)

護国家は取り潰され、ローマ帝国はライン川流域のリメス(図2-5)やブリテン島のハドリアヌスの長城(本章扉)に典型的に見られる防衛線を構築するようになる。軍団や補助軍も、この防衛線に沿って配備されていき、帝国領を防衛する存在となる。ローマは、ヘゲモニー国家から領域(テリトリアル)帝国へと変化したのである。しかし、この段階の防衛体制の特徴は「予防的防衛」とされるように、積極的攻勢を基本とし、防衛線といっても立て籠もりの場ではなく、攻撃のための出撃拠点であったとされる。第二段階の戦略は、三世紀半ばに強大化した異民族の攻撃を受けたことで、危機的な状態に陥り、防衛線を軸とした戦略は放棄され、「深層防御」を主眼とした第三段階の戦略へと移っていくことになるのである。そして、この「深層防御」の核になるのは、次章以下で見る、機動軍である。

このようなルトワックの主張は、たいへん明快で魅力的である。しかし、その当否をめぐっては、専門のローマ史学者の間で大きな論争を引き起こし、現在でも決着を見ていない。ここでは差し当たって「ローマの平和」の時代の軍のあり方に関わる問題を一つ指摘するならば、それは、果たしてローマ帝国自身がどの程度、防衛戦略――ルトワックの言うローマ帝国の大戦略はもっぱら防衛戦略である――を意識していたのか、ということである。

まず、ローマ帝国がライン川、ドナウ川、ユーフラテス川をその境域として意識していたことは疑いない。またこの境域に沿って、特にフラウィウス朝期以後、監視塔や砦、防壁などを建造していったことも事実である。一方で、ローマには、「果てしなき支配領域(インペリウム・シネ・フィネ)」の思想があり、少なくともルトワックのいう第一、第二段階の時代の皇帝たちは、帝国の防衛よりも、領域拡張に積極的であったように思われる。

攻撃姿勢の帝国

アウグストゥスはその死に際して、タキトゥスの『年代記』によれば、「領土の限界を現状以上に拡大しないようにせよ」(第一巻一一)と言い残したとされているが、当の本人は自ら著した『神君アウグストゥス業績録』において、ローマの支配領域を拡大したことを誇っていた。歴代ローマ皇帝で最大の征服者は、このアウグストゥスであった。タキトゥスがアウグストゥスの遺言の意図が「本当の危惧の念であったのか、嫉妬心なのか、不明である」(第一巻一一)と皮肉を言いたくなるのも分かるだろう。

そして、案の定と言うべきか、この遺言は一族の王朝内ですら守られず、クラウディウス帝はブリテン島に軍を進め、ローマ領とした。五賢帝の一人トラヤヌスがダキアとメソポタミアを征服し、帝国の領域を最大にしたことは、教科書的な事実としてよく知られている。トラヤヌス帝を継いだハドリアヌス帝は、ブリテン島北部に長城を築き、帝国の領域拡大政策を守勢へと転じさせたとされるが、実際には、ハドリアヌス帝の次のアントニヌス・ピウス帝の時代には、早々にハドリアヌスの長城を越えて、軍はさらに北に進み、アントニヌスの長城を建造するに至っている。またハドリアヌス帝とアントニヌス・ピウス帝は、アルメニア王国やコーカサス地方のイベリア王国などの東方諸国に対しては、戦争こそ仕掛けなかったものの、積極的な外交を通して、帝国の影響力拡大を図っていた。序章で紹介したように、ローマ市には、三世紀初めにセプティミウス・セウェルス帝に捧げられた凱旋門があるが、凱旋門建造の理由の一つは、セウェルス帝がメソポタミアを征服して「ローマの人々の支配領域(インペリウム)を拡大させたがゆえ」であった。そして、セウェルスの息子カラカラは、アレクサンドロス大王になることを夢見て、パルティアへの遠征を行ったのである。

先に説明したように、ローマ軍は辺境の属州を中心に配備されていた。このことも、ローマ帝国が防衛的であったように見える大きな要因である。しかし、軍が辺境に配備されていたということは、上述のルトワックが第二段階の軍事戦略として指摘したように、常に外敵に対して攻撃態勢にあったともとれる。仮に軍が防衛を主たる任務としていたのならば、帝国の内地に配備されていないのは、不自然である。むしろ事実として、この時代のローマ軍は、攻撃的だったのであり、「ローマの平和」の時代になっても、共和政期以来のローマの領土拡大傾向は、単にそのペースが鈍化したにすぎないと見るべきであろう。征服のペースが鈍ったのは、征服するに値する土地が減ったことと、軍功を挙げた部下によって自身の立場が脅かされることを、皇帝が恐れたためである。

「ローマの平和」の時代の帝国が攻撃的であったことは、当時の戦争の性格からも明らかである。そもそも、この時代には、複数軍団を投入して、年単位で続くような大規模な戦争はあまり起こらなかった。それに当たる戦争は、開始年の順に並べると、次のようになる。

ゲルマニア征服戦争(前一二~後一六年)
パンノニア・ダルマティア戦争(六~九年)
ブリタンニア征服戦争(四三年)
コルブロのアルメニア遠征(五八~六四年)
ブリタンニアにおける女王ボウディッカの反乱(六〇~六一年)
第一次ユダヤ戦争(六六~七三年)
アグリコラのスコットランド遠征(七八~八四年)
ドミティアヌス帝治世のダキア戦争(八五~八九年)

トラヤヌス帝のダキア征服戦争(一〇一～一〇二年、一〇五～一〇六年)
トラヤヌス帝のパルティア遠征(一一四～一一七年)
第二次ユダヤ戦争(一一五～一一七年)

これらの戦争の性格に着目すると、大きく被支配民の反乱と対外戦争に分けられるが、対外戦争について言えば、ドミティアヌス帝治世のダキア戦争を除いて、残るすべてはローマ側が仕掛けた領土拡大戦争であった。

緩むローマ軍

一方で、このことは、見方を変えれば、皇帝たちが領土拡大の野心を抱いて動き出さない限り、軍には、平時の生活が続いていたということになる。そして、平時の期間は長かった。ここに挙げた諸戦争の期間を単純に総計すると、六七年であり、これに対して、アウグストゥスからアントニヌス・ピウスの治世までは一八八年なので、大規模な戦争のない期間が一二〇年以上あったことになるのである。さらに、ゲルマニア征服戦争や第一次ユダヤ戦争のように、一見長期にわたる戦争も、実際には断続的に行われていたので、その期間はさらに短くなる。また戦争は、局地戦であり、配属地域によっては全く実戦を経験せずに軍務期間を終える兵士も少なくはなかった。

例えば、ネロの将軍であったコルブロは、アルメニアへの遠征に際して軍を集めたが、やはりタキトゥスの『年代記』によれば「シュリアから転送された軍団兵は、長い間の平和のため怠惰となり、陣営の課す義務にひどい嫌悪を示していた。この軍隊の中に、歩哨や夜警についたことがなく、また堡塁や壕を見て、まるで始めての風物のごとく驚き怪しむ古兵がいたという話は本当である。彼らはめいめい甲冑も兜も持たず、そのくせみなりは飾り立て、たんまり金を蓄え、町のまん中で軍隊生活を送っていた」（第一三巻三五）という状態であった。

このシリアの軍団に関する叙述は、「堕落した東方のローマ軍」というステレオタイプに過ぎず、現実ではないとの解釈もあるが、先に見たように東方の軍は既存の都市近郊、ないし都市内に駐屯していたので、都会の悪風に染まりやすく、事実としても軍紀は緩みがちであったに違いない。「ローマの平和」という言葉は、誇張ではない。

兵士たちの日常

では、平時において、ローマ兵は何をしていたのであろうか。ただし、一口に兵士と言っても、この時期には、大きく一般の兵士と「インムネスとプリンキパレス」級の兵士、そして百人隊長の三つの種類があり、彼らは概ねこの順に出世していったので、それぞれの区分に応じて、その役割を確認していきたい。

後一四年にアウグストゥス死去の報が広まると、属州パンノニアと属州ゲルマニアの軍団は暴動を起こした。この時、タキトゥスの『年代記』によれば、兵士たちは、日常の任務について、次のような不満を漏らしている。

「そのうち、誰ということもなく、口々に、高い金で買う休暇について、低い給料や冷酷無情な使役、なかんずく堡塁や塹壕の建設について、食糧・材木・薪の運搬、そのほかに、必要上から、また陣営暮しの暇をつぶす目的で、思いつかれるあらゆる労務について、苦情をのべた」(第一巻三五)。

この記述からだけでも、平時には、「堡塁や塹壕の建設」、「食糧・材木・薪の運搬」といった軍営の生活に必要な様々な任務が兵士たちに与えられていたことを読み取ることができる。「陣営での暮しの暇をつぶす目的で、思いつかれるあらゆる労務」には、例えば、運河の開削があったことは、同じ『年代記』に、将軍のコルブロが「兵士から暇を奪いとるため、モサ河とライン河の間に、二十三マイルにわたる運河を貫通させた」(第一一巻二〇)とあることから分かる。

他にも、タキトゥスの『年代記』を読めば、兵士が就いた任務には、道路や橋の建設(第一巻二〇)、鉱山での採掘(第一一巻二〇)があったことが知られる。鉱山労働は、「排水溝を掘ったり、その他に地上でも困難と思える仕事を、地底でおこなつた」ため、兵士にとっても「破滅的な重労働」であったが、「これと似たような苦役が、あちこちの属州で強制された」という。なお、「高い金で買う休暇」というのは、兵士たちには休日が定められていなかったため、休暇を取るのに上司である百人隊長にしばしば賄賂を渡さなければならなかったことを意味している。

タキトゥスの記述は、兵士の労苦としてその日常業務が語られているため、誇張もあるだろう。しかし、実際に兵士が平時において、様々な任務に就いていたこと自体は事実であり、この点については現存する軍の公的な文書からも裏付けられる。

一世紀後半にエジプトのアレクサンドリア郊外に駐屯していた第三軍団キュレナイカの兵士三六人の当番表の一〇月の一〇日分が、パピルス文書として残存している。それによれば、兵士たちは陣営の門番や上官の護衛、近くの街道のパトロールから便所や浴場の掃除に至るまで、ほぼ日替わりで、様々な任務に当たっていたのである。この当番表に現れる兵士たちは、陣営内、あるいはその近くで任務を果たしていたようであるが、一方で陣営を長期間、離れて働く兵士もいた。

このことを示すのは、同じ軍団に属する兵士四人分の詳細な移動記録である。そのうちの一つには、次のように書かれている。

「〔兵士の子〕マルクス・パピリウス・ルフスは、ティトゥス帝治世三年……、軍営長ティトゥス・スエディウス・クレメンスの命令によって、ネアポリス〔アレクサンドリア郊外〕の穀物倉に向かった。彼は、同じ年の一月二一日に戻ってきた。彼は、ドミティアヌス帝治世一年……メルクリウム〔アレクサンドリア市内の地区〕の穀物倉に派遣され、同じ年の七月一三日に戻ってきた。彼は、ドミティアヌス帝治世四年の四月二一日に〔要人警護のために？〕派遣され、同じ年の……戻ってきた。彼は、メルクリウムの穀物倉に……に派遣され、同じ年の七月七日に戻ってきた」。

他の三人についても同じ形式で書かれており、派遣先の業務と派遣期間が異なるだけである。派遣先の業務には、穀物倉や要人の警護の他にも、港湾浚渫、パピルス製作、鉱山での労働、河川のパトロール、穀物輸送などがあり、派遣期間は総計して短いもので四カ月ほど、長ければ一〇カ月以上に及んでいた。

ちなみに、彼らに業務を命じたクレメンスは、六九年の内乱に際しては後述の主席百人隊長（プリムス・ピルス）の地位にあって、オト帝が計画したガリア・ナルボネンシスへの遠征軍の指揮官の一人としてタキトゥスの『同時代史』に登場し「兵の歓心を買うために命令し、厳しい軍律を守る力もないのに戦闘に貪欲であった」（第二巻一二）とされており、続くウェスパシアヌス帝治世には、おそらく近衛隊の将校として、ポンペイ市の公有地問題の解決に携わっていたことが碑文から分かっている。ポンペイ市は、言うまでもなく、七九年にあのウェスビオ火山の噴火で埋もれた町である。クレメンスは、この後、さらにエジプトへ転勤していたのである。

第三軍団キュレナイカの史料からは、どの程度の数の兵士が陣営を長期間離れていたのかは分からないが、イングランド北部のヴィンドランダ要塞から出土した木板文書に書かれた補助軍歩兵部隊の戦力報告書によれば、七五二人の兵士のうち、実際に要塞に残っていたのは、その三分の一強の二九六人に過ぎなかった(図2-6)。要塞を離れていた兵士の完全な内訳は分からないが、三三七人は二〇キロメートルほど離れた別の要塞に派遣され、四六人は軍団司令官の護衛に当たっており、ロンディニウム(現ロンドン)にも六人いるといった状態であった。また要塞に残っていた二九六人のうち三一人は傷病者であった。

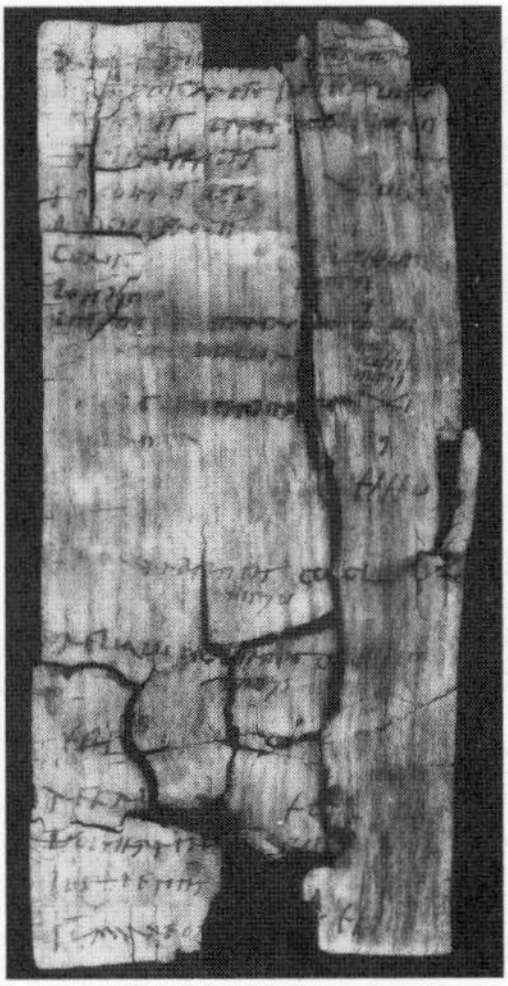

図2-6　ヴィンドランダの木板文書．補助軍歩兵部隊の戦力報告書

このように軍団にせよ、補助軍にせよ、その兵士の多くが本来の陣営を離れて各地で様々な任務に就いていたのであるが、これでは軍事力に大きな穴が開く。そのため、二世紀のトラヤヌス帝のように、牢獄の看守に、奴隷ではなく兵士を用いるべ

きかを尋ねてきた属州総督の小プリニウスに対して、軍旗の下から離される兵士はできるだけ少なくせよとの命令を返して、その使用を禁じた例もある。

インムネスとプリンキパレス

兵士の中には、先に見たような運河の開削や鉱山労働などの様々な雑役を免除されている者たちもいた。それがインムネスとプリンキパレスと呼ばれる階級の兵士たちである。インムネスは、文字通り、ムヌス(雑役負担)を免除された兵士を指しており、プリンキパレスはプリウィレギウム(特権)によって守られた兵士のことで、その特権とは雑役の免除を意味したので、いずれも本質的には、雑役負担を免除された兵士である。しかし、給与の点からみると、両者は異なり、インムネスは一般の兵士と同じであるが、プリンキパレスの給与は一般の兵士の一・五倍から二倍あったので、プリンキパレスのほうがより地位が高かったと言える。

二世紀後半のマルクス・アウレリウス帝時代の法学者タルティエヌス・パテルヌスによれば、インムネスの兵士の就いた役職には測量役、医師、建築士、車大工、ラッパ製造役、猟師、穀倉担当の書記、預金担当の書記、武具管理役など多数あった。これらの役職のうち、書記と武具管理役の経験者がプリンキパレスの階級に昇格することが多かった。

プリンキパレスの兵士の役職も同様に多様であったが、大きくは、軍団内のそれと、軍団外のそれに分かれた。前者の役職には、軍旗持ち、皇帝の胸像持ち、ワシの像持ち、百人隊長代理、伝令兵などがあった。しかし、「ローマの平和」の時代の軍のあり方を考える上で重要なのは、後者の軍団外の任務を担った役職である。その代表的なものは、属州総督や軍団司令官、属州の財務官などの事務局(オフィキア)の下僚としての任務である。

ドイツのローマ史学者アルフレッド・フォン・ドマシェフスキーの研究によれば、軍団を保有する属州総督の下僚には、プリンケプス・プラエトリイ(一名)、コルニクラリウス(三名)、コメンタリエンシス(三名)、スペクラトル(一〇名)、ベネフィキアリウス(六〇名)がいた。プリンケプス・プラエトリイは、プリンキパレスよりも上位にあった百人隊長の就いた役職であり、属州総督の事務局の長である。コルニクラリウス以下の役職がプリンキパレスに属する役職である。コルニクラリウスは主任書記官であり、プリンキパレス級の役職の中で最も地位が高かった。コメンタリエンシスとスペクラトルは、監獄の管理や犯罪人の処刑に携わった。ベネフィキアリウスは、特定の職掌が定まっていたわけではないが、総督の命で、犯罪人の逮捕から徴税まで様々な業務に携わった。プリンケプスからコメンタリエンシスまでの役職者には、彼らを補助するインムネス級の書記がさらに付いた。属州総督の主たる任務は、裁判と属州内の治安維持にあったが、兵士たちはこれら総督の業務の補助を行ったのである。

兵士たちは、以上のインムネス、あるいはプリンキパレスの役職を四つか五つ、各役職を三年ほど務めることで、百人隊長に昇任することが可能であった。なお、インムネスのポストは一軍団に六二〇、プリンキパレスのそれは四八〇ほどあったとされている。軍団兵の二割以上が両階級に属していたことになる。

百人隊長の任務

百人隊長の職は、一般の兵士として軍に入った者が目指すひとつの到達点であった。百人隊長の給与は、二世紀には年一万八〇〇〇セステルティウスあり、一般の兵士の一五倍もあった。また、百人隊長への任官には、皇帝の認可が必要であったので、その地位は、いわば勅任官であり、将校であった。

しかし、百人隊長は、本章の最初で見たように、一軍団内に五九人しかいなかったので、そもそも狭き門であった。そのうえ、騎士身分の民間人や近衛隊を退役した兵士が天下りのように入り込んでくることもあったので、その地位に到達するのはいっそう難しかった。

五九人の百人隊長のうち、第一大隊に属する五人の百人隊長は、他の大隊の五四人の百人隊長よりも格が高かった。中でも第一大隊の第一百人隊所属の百人隊長が主席百人隊長と呼ばれ、ここまで到達すれば、別格であった。主席百人隊長は、任期は一年で、給与は七万二〇〇〇セステルティウスもあり、騎士の身分を与えられて、その後は、軍営長、あるいは近衛隊ないし首都警備隊の将校となり、さらには属州の財務官や総督にすら出世していくことができたからである。

ちなみに序章で紹介した『第九軍団のワシ』の主人公アクイラは、騎士の天下り組の百人隊長であり、同じ大隊の他の五人の百人隊長は兵卒上がりであった。一方、アクイラの父親は「第一大隊の司令官」とされていたが、正確に言えば「主席百人隊長」で、この主席百人隊長が第一大隊を指揮していたのである。

百人隊長の平時における任務は、第一には、百人隊の兵士の生活を管理することであり、兵士に対する懲戒権も有していたので、一般の兵士にとっては恐るべき存在であった。後六年にパンノニアで暴動を起こした兵士の言葉では、百人隊長は普段から「残酷」であり、「もう一度屋」とのあだ名をつけられていた百人隊長などは真っ先に殺されている。あだ名の由来は、「葡萄の杖で兵の背中をなぐるとき、彼はいつも大声で「もう一度」「もう一度」と催促していたから」（タキトゥス『年代記』第一巻二三）である。

しかし、百人隊長の任務は、百人隊の管理といった範囲をはるかに超えていた。やはりタキトゥスの『年代記』にざっと目を通すだけでも、百人隊長は、外国への使節（第二巻六五、第一三巻九、第一五巻五、二七）や従属部族の支配（第四巻七二）、皇帝の政敵の殺害（第一四巻五九、第一六巻一五）などの任務が与えられていた。ストア派哲学者として名高いセネカは、ネロ帝に自殺を強いられたが、この命令を伝えに来たのも百人隊長であった(第一五巻六一)。タキトゥスの記述では、従属部族の支配に当たっていたのは、正確には主席百人隊長であったが、百人隊長もまた「地区担当百人隊長(ケントゥリオ・レギオナリウス)」として、時に一定の地域の支配に当たった。彼らには、犯罪人を逮捕し、審問し、判決まで下す権限が与えられていた。また先に見たように、属州総督の下僚をプリンケプス・プラエトリイとして指揮したのも百人隊長であった。一世紀に書かれたインド洋交易の案内書『エリュトラー海案内記』(第一九節)によれば、ローマの庇護王国であったアラビアのナバテア王国の港レウケー・コーメーにまで百人隊長が派遣されて、徴税官とともに関税の徴収に当たっていた。

軍事訓練は行き届いていたのか?

古来、ローマ軍の精強さの秘密とされてきたのは、その厳しい軍事訓練であった。

第一次ユダヤ戦争の記録を残したユダヤ人の歴史家ヨセフスは、その『ユダヤ戦記』(第三巻五)において、ローマ軍が平時においても、「日々、戦場におけるかのごとくに、全勢力を傾注して訓練に励んでいる」と言い、その「軍事訓練を流血抜きの戦闘、戦闘を流血の軍事訓練と呼んだとしても、それはあながち間違いではないであろう」とまで述べた。また五世紀の軍事書の著者ウェゲティウスは、数においても、体格においても、策略においても、富においても、技術や思慮においても周辺の諸民族に劣っていたローマ人が世界を征服し得たのは、ひとえにその軍事訓練の賜物であったと指摘している。

しかし、上に見てきたように、多くの兵士が駐屯先から離れ、様々な軍務以外の仕事に携わっていたならば、彼ら本来の任務である軍務、とりわけ軍事訓練が十分にできなかったことは、想像に難くない。

ローマの歴史には、ハドリアヌス帝やアウィディウス・カッシウス帝のような軍事訓練に熱心であった皇帝が時折現れるが、裏を返せば、彼らのような存在が稀であったことを意味している。

帝国各地を巡行して軍を視察したハドリアヌス帝は、北アフリカでは軍団と補助軍による軍事訓練を視察して、その優秀さを讃えた。その演説は、碑文に残されている。ただし、その碑文によれば、第三軍団アウグスタの場合、一個大隊以上がアフリカ属州総督の下に派遣されており、さらに属州内各所に多数配された監視所に配置されていた者もおり、実際に軍事訓練に参加したのは、軍団兵の一部にすぎなかったこともまた明らかである。

アウィディウス・カッシウス帝は、本章の対象とする時代からは少し時間が下がって、マルクス・アウレリウス帝の治世の一七五年にシリアで皇帝を称したが、そのカッシウスがシリアの総督を務めていた際には「すべての兵士の訓練が週一度あり、そこでは矢を放ち武器を用いることまでやらせた」（アエリウス・スパルティアヌス他『ローマ皇帝群像』「アウィディウス・カッシウスの生涯」六）とされている。ヨセフスの記述とは異なり、実戦さながらの軍事訓練は特筆すべきこととされているのである。ヨセフスは、実際に稼働するローマ軍の貴重な目撃者ではあったが、その史書は勝利者であったティトゥス帝に捧げられたものであり、皇帝に阿《おもね》り、その軍事力を賞賛すると同時に、これと勇敢に戦った同胞のユダヤ人を讃えようとする意図があり、額面通りに受け取ることはできない。

帝国統治の要

本章の冒頭で紹介したギボンの考えでは、「ローマの平和」の時代のローマ軍は、辺境にあって帝国を防衛する、規律正しい軍隊であった。しかし、実際には、当時のローマ軍は、帝国の軍隊ではなく、皇帝の軍隊であり、平和維持のための防衛軍ではなく、征服を目指す攻撃的な軍隊であった。ギボンは、『衰亡史』の第一章で、ローマ軍の軍紀の厳しさを絶賛し、続く時代の軍紀の弛緩こそ帝国衰退の重要な一因であったとの認識を示すが、その軍紀の維持すら、タキトゥスの描くシリアの軍団兵の様子から端的に分かるように、早くから非常に疑わしいものであったと言わなければならない。

軍は、確かに辺境の属州を中心に配されており、特に軍団はそうであったため、内地の帝国民には縁遠い存在であったと思われがちである。しかし、実際には、軍団の兵士は、軍団が配備されていない属州にも派遣されて様々な任務に就いていた。また補助軍が軍団の配備されていない内地の属州にも置かれていたことを忘れてはならない。エルサレムには、序章に紹介した『新約聖書』の記述から分かるように、一世紀半ばには少なくとも補助軍の部隊が一個置かれていたことは疑いない。パウロを取り調べたクラウディウス・リシアは、キリアルコン（千人隊長）と呼ばれているが、元老院議員の軍団将校ではなく、補助軍部隊の司令官であったのだろう。この補助軍の兵士に対して、洗礼者ヨハネは、神の怒りを免れたければ、「だれからも金をゆすり取ったり、だまし取ったりするな。自分の給料で満足せよ」（「ルカによる福音書」三・一四）と答えたとされている。

また、二世紀にアプレイウスによって書かれた小説『黄金の驢馬』には、ある農民がロバを通りすがりのローマ兵に突然徴発されそうになり、酷い目に遭う話が出てくる。事件の舞台は、属州マケドニアのテッサリア地方となっており、この属州には軍団は駐屯していなかったので、問題の兵士は、近隣の属州から派遣されてきた軍団兵か、あるいはマケドニアに駐屯した補助軍の兵士という設定であったと考えられる。これらの事例からも軍は、内地のローマ帝国の住人にとっても決して無縁な存在ではなかったのであり、むしろローマ帝国の日常生活に深く組み込まれていたことは明らかであろう。

兵士がこのように広範な役割を担っていたのは、序章で言及したように、ローマ帝国では、官僚制度が整っていなかったからである。二世紀の半ばに至ってもなお、元老院議員と騎士の就く帝国の高級官僚のポストは、三〇〇ほどにすぎなかった。当時の人口が六〇〇〇万とすると、高級官僚一人に対して、民間人は二〇万人の割合である。もちろん、彼らには、その業務を手助けする下僚や解放奴隷や奴隷がいたが、それらを合わせても二〇〇〇人を超えなかったとされており、この圧倒的な官僚不足を補ったのが軍隊であったのである。軍隊は、軍団と補助軍を合わせるならば、その数、三六万を超えたので、人口当たりにすれば、兵士の数は帝国民の一七〇人に一人ほどである。

ローマ軍というのは、アウグストゥス以来、その多くが軍務に就かなくなったという意味では一般市民から分離された存在であった。しかし一方では、一般市民が日常的に接する相手になったとも言えるのであり、いわばローマ帝国そのものであった。そして、ローマ帝国もまた、軍なしには、全く機能し得ないものであった。

第三章　軍制改革と権力闘争の狭間

――変容するローマ軍

コンスタンティヌス帝頭像

五賢帝時代に始まるローマ軍の変容

五賢帝最後のマルクス・アウレリウス帝の治世（一六一～一八〇年）は、哲学を好んだ内省的で真摯な皇帝個人の姿から抱かれるイメージとは異なり、熾烈な苦難の連続であった。

マルクス帝が即位したその年には、東方の隣国パルティアとの紛争が発生し、やがて本格的な戦争となった。この戦争は、一六六年一〇月にローマ側の勝利で終わったものの、伝えられるところでは、パルティアから帰還したローマ軍は深刻な疫病をもたらした。皇帝の名を取って「アントニヌスの疫病」と呼ばれるこの疫病の正体は、天然痘ともペストとも言われるが、現在でもはっきりしない。いずれにしても、ローマ帝国に空前の被害をもたらし、人口の三分の一が失われたと推定する学者もいるほどである。

さらに、アントニヌスの疫病が猖獗《しょうけつ》を極めていたまさにその時に、序章で言及したマルコマンニ戦争が勃発した。そして、このマルコマンニ戦争を機に、アウグストゥス以来のローマ軍の体制にも変化が生じ始める。その変化は最終的には四世紀前半のコンスタンティヌス帝（本章扉）の治世（三〇六～三三七年）に一つの帰結に至る。ローマ帝国の政治史上の時代区分では、ディオクレティアヌス帝の治世（二八四～三〇五年）をもって前後に分けられるが、軍制史の上では、マルクス・アウレリウス帝からコンスタンティヌス帝までの時代を前後の移行期間に当たる一つの時代と見るのが適切である。

転回点としてのマルコマンニ戦争

マルコマンニ戦争は、一六六年の末か、一六七年に六〇〇〇人に及ぶランゴバルド人とオビイ人がドナウ川を越えて、属州パンノニアに侵入したことで始まった。

これらの部族が動き出した背景には、バルト海南岸に居住していた同じゲルマン民族の一派ゴート人が移動を始めたことがあった。ゴート人の民族移動を受けて、玉突き状にその南方に居住した諸民族が動かされ、ドナウ川北方の政情が不安定化し、一部の民族がローマ帝国にまで入り込むことになったのである。

ランゴバルド人とオビイ人は、属州の駐留軍によって撃退されたが、一七〇年には、マルコマンニ人とクアディ人にイタリア半島にまで侵入される事態になった。北イタリアのアクイレイアは包囲され、オピテルギウム(現オデルッツォ)が破壊された。さらに、コストボキイ人はバルカン半島に入って、ギリシアにまで進み、アテナイ北方の聖地エレウシスが略奪された。対応に当たった上モエシア属州総督マルクス・クラウディウス・フロントが戦死するなど、ローマ側は苦戦を強いられた。

しかし、一七二年以後は、ローマ側が攻勢を強め、クアディ人を圧迫し、マルクス帝は一七四年にはヤジュゲス人とサルマティア人(いずれもイラン系の民族)も攻撃した。そうして、最終的には、ドナウ川の北方を征服して、マルコマンニアとサルマティアという二つの属州を設置しようとまでマルクス帝は計画していた。しかし、一七五年四月にシリア総督のアウィディウス・カッシウスが反乱を起こしたため、この計画は頓挫した。

カッシウスの反乱によって一旦中断した戦争は、一七八年八月から再び始まり、翌年には、マルクス帝は、マルコマンニ人とクアディ人の土地のかなりの部分を占領し、二万の兵力をドナウ川北方奥地にまで広く展開させるに至った。しかし、その最中の一八〇年三月に、マルクス帝はパンノニアのシルミウム(現セルビアのスレムスカ・ミトロヴィツァ)の陣営で病没した。マルクス帝の死後、その後継者であった息子のコンモドゥス帝は、マルコマンニ人らと講和を結び、ここに一〇年以上にわたったマルコマンニ戦争は終結したのである。

以上のような経過を辿ったマルコマンニ戦争は、軍の司令官レベルの人材登用のあり方に大きな変化をもたらした。

ここで言う軍の司令官レベルとは、具体的には、軍団司令官と属州総督である。軍団司令官は、前章で説明したように、五〇〇〇人規模のローマ軍最大の単位である軍団を指揮した。一方、属州総督は、属州に駐留する軍団が一個の場合は、軍団司令官を兼任し、複数の場合は、総司令官の立場に立った。そして、これらの役職には、元老院議員が、それもしかるべき公職経歴を歩んだ元老院議員が就いていた。

元老院議員には、図3-1に見られるように、二十人委員に始まり、首都長官に至るまでの公職階梯があり、一連の文武の公職を順次踏んでいくことが求められていたのである。公職階梯において、すべての議員が踏まねばならなかったのは、共和政期以来の伝統的公職であるクアエストル(財務官)、プラエトル(法務官)、コンスル(執政官)であり、プラエトルとコンスルを経験した者には、プラエトル格、コンスル格に相当するさらなる役職が待ち受けていた。軍団司令官と一個軍団駐留属州の総督はプラエトル格、複数軍団駐留属州の総督はコンスル格の役職だった。

しかし、マルコマンニ戦争において、マルクス帝は、この公職階梯に囚われることなく、軍事的能力に秀でた騎士身分の人間を抜擢して、彼らをいきなりプラエトル格などの立場で元老院に編入させることで、軍団司令官職や属州総督職に据えたのである。マルクス帝がこのような措置をとったのは、これらの役職に適した軍事的能力のある元老院議員を求めることが困難であったからである。元老院議員は、そもそもその公職階梯において、十分な軍事的経験を積めるようにはなっていなかった。軍団司令官の前に元老院議員が軍事に関わるのは、軍団将校になった時しかなかったが、この役職の任期は数年に過ぎず、また必ず就かなければならない

2度目(ないし3度目)のコンスル

アシア，およびアフリカ総督，軍団を複数保有する属州の総督，コンスル格の文官公職など.

通常40歳くらいで就任.

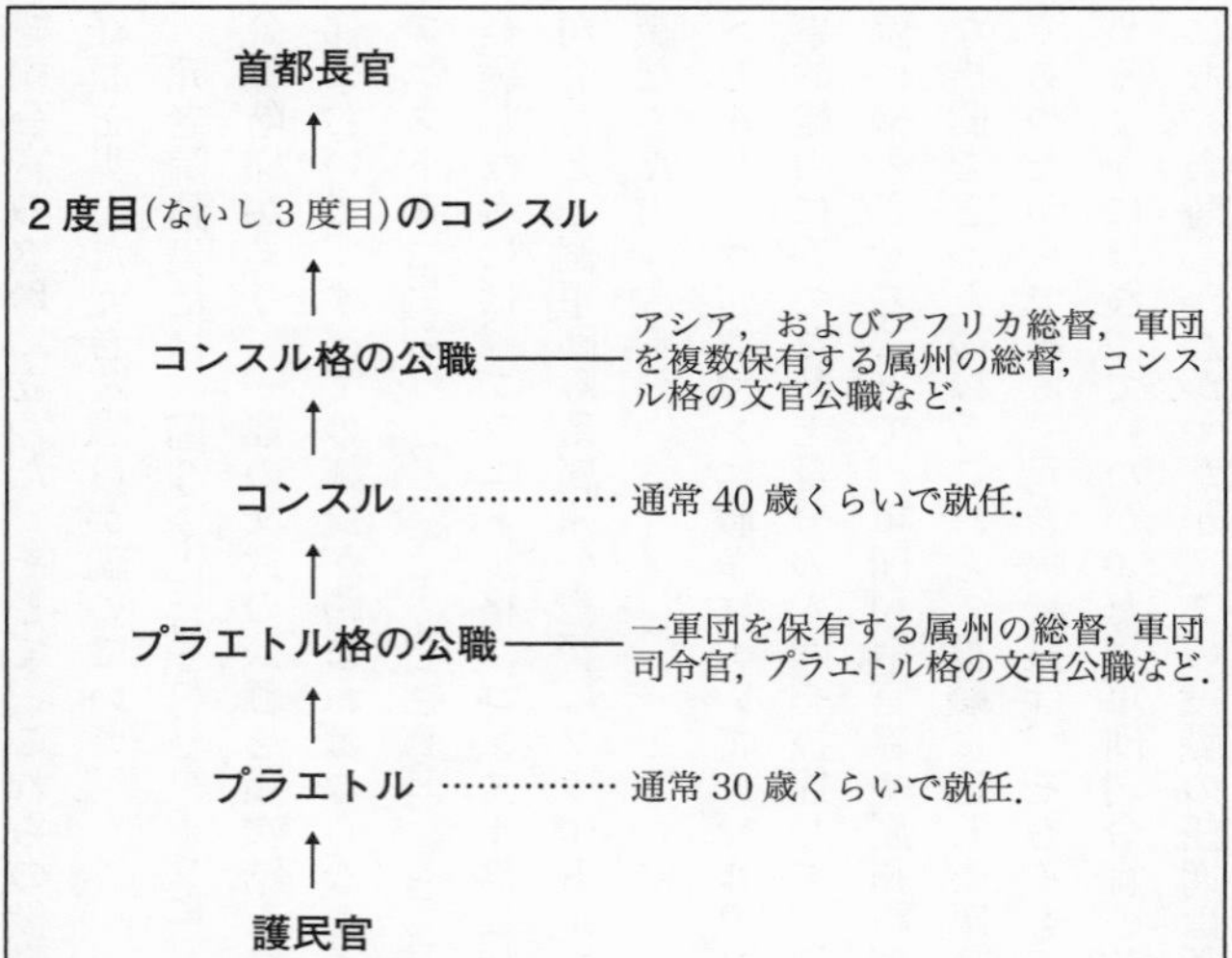
一軍団を保有する属州の総督，軍団司令官，プラエトル格の文官公職など.
通常30歳くらいで就任.
あるいは
アエディィリス
クアエストル
通常25歳以上で就任可．この職に就任して初めて正式に元老院議員となる.
軍団将校
二十人委員
「造幣三人委員」「道路管理四人委員」「訴訟裁定のための十人委員」「死罪担当三人委員」より成る.

図3-1　元老院議員の公職階梯

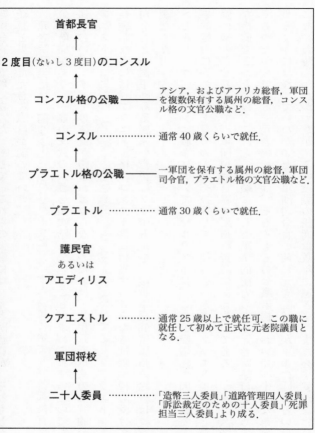

というわけでもなかった。さらに軍団司令官や属州総督になるには、プラエトルとコンスルを経なければならなかったが、プラエトルとコンスルの年間就任者数は限られていたため（前者には毎年一八人、後者には八〜一〇人ほど）、議員自体は全体で六〇〇名いたとはいえ、その候補者の選択肢は決して広くはなかったのである。

軍事経験に乏しく、またその候補者も限られていた元老院議員に、帝国が守勢に回った戦争の指揮を委ねることには、明らかに問題があった。そこで、マルクス帝が目を付けたのが騎士身分の人間だったのである。

騎士身分の人間は、この点も前章で述べたように、出身都市の役職を経て、補助軍歩兵部隊の司令官をはじめとする「三軍務」を経験していた。一つの軍務の任期は三年ほどであったので、少なくとも九年ほどの軍務を積んでいたことになる。またこれらの軍務が連続していたことも着目してよいだろう。騎士のほうが、より濃密な軍事的経験を持ちえたことになる。

ただし、ここで注意しておかなければならないのは、マルクス帝は、騎士を元老院議員の就く公職に任用するに際しては、彼らを元老院議員にした上で、その任務に就かせていたので、軍団の指揮は元老院議員に委ねるという共和政期以来の伝統は、あくまでも維持されていたということである。しかしながら、マルクス帝が能力主義を軍に持ちこんだことは、その後の歴史にとっては決定的であり、やがて三世紀半ばには元老院議員は軍からほとんど排除されることになる。マルクス帝は、その第一歩を踏み出したのである。

セプティミウス・セウェルス帝の軍制改革――兵士の優遇

マルクス・アウレリウス帝の行った騎士身分登用策は、長い目で見ればその影響は深甚であったが、あくまでも当時は非常時の措置であり、おそらく皇帝本人も軍の改革を行ったという意識は持ち合わせていなかったであろう。この意味では、アウグストゥス以来の軍の制度に意識的に改革を加えた最初の皇帝は、マルクス帝ではなく、二代後のセプティミウス・セウェルス帝(在位一九三～二一一年)である(図3-2)。

セウェルス帝の軍制改革は、この人物が皇帝になった経緯と密接に関わっている。

マルクス・アウレリウス帝がマルコマンニ戦争の最中に陣没した後、跡を継いだ息子コンモドゥスは、父親とは似ても似つかない人物であり、比較的長期の治世を維持したものの、暴政に陥って、一九二年の一二月三一日に結局、側近に殺害された。同日、ペルティナクスが皇帝となった。ペルティナクスは、マルクス帝によって取り立てられた騎士の一人であった。

廉直なペルティナクス帝は、コンモドゥス帝が甘やかした近衛隊にも厳しく臨んだため、彼らの反感を買って、在位僅か三カ月ほどで殺害されてしまった。ペルティナクス帝を殺害した近衛兵たちは、自分たちに最も多くの給与を支払う者を皇帝にするとして、こともあろうに、帝位を競売にかけた。これを元老院議員のディディウス・ユリアヌスが競り落とし、皇帝になった。だが、金で買われた帝位には反発が起こり、上パンノニア属州総督であったセプティミウス・セウェルスが真っ先に麾下の三個軍団の支持を得て皇帝を称した。次いで、シリアでも属州総督のペスケンニウス・ニゲルが皇帝となった。シリアにも三個軍団が駐屯していた。同時期には、やはり三個軍団を擁する属州ブリタンニアの軍隊も、その総督であったアルビヌスを皇帝に擁立する動きを示した。

セウェルス帝は、アルビヌスを自らの味方に付け、カエサル(副帝)の位に付けて懐柔した後、イタリアに進撃し、ディディウス・ユリアヌス帝を破って、元老院から帝位を承認された。その後、セウェルス帝はシリアに向かい、ニゲルを撃破する。副帝とされていたアルビヌスも、やがてセウェルス帝に反旗を翻したため、セウェルス帝はこれも倒し、一九七年には、ついに単独の皇帝となったのである。

図3-2　セプティミウス・セウェルス帝像

このように軍事力でもって帝位に就き、敵対者もまた武力で倒したセウェルス帝が軍の重要性を誰よりも認識し、軍を帝権の支えとすべく、またその支持を得るべく改革を行ったのは、当然の成り行きであった。

セウェルス帝が最初に手を付けたのは、近衛隊の改革である。「ペルティナクス帝の復讐者」として都ローマに入ったセウェルス帝は、ペルティナクス帝を殺害した近衛隊を解散させ、自らの率いてきたドナウ川流域の諸属州の兵で近衛隊を新たに編制し、強化したのである。首都警備隊と夜警隊の兵力も強化されたようで、三世紀の歴史家のヘロディアヌスは、セウェルス帝がローマ市内の兵力を四倍にしたと伝えている(『マルクス帝没後のローマ史』第三巻一三・四)。しかし、この四倍との数字はおそらく誇張であろう。近衛隊については、大隊数は変わらず、各大隊の規模が従来の一〇〇〇から一五〇〇人に拡大したと推定されているので、近衛隊全体としては一万五〇〇〇人になった。さらに、セウェルス帝は、一九七年にパルティアとの戦争に赴くが、この戦争に先立って、三個軍団を新たに編制した。すなわち、第一軍団パルティカ、第二軍団パルティカ、第三軍団パルティカであるが、このうち第二軍団パルティカは、戦後、ローマ市の南東二一キロメートルほど離れたアルバヌムに駐屯させられ、近衛長官の指揮下に置かれた。イタリアの軍事力は、近衛隊の増強と合わせて、一万ほど増えたことになる。

イタリアの軍事力強化は、近年では、マルコマンニ戦争の際に明らかになったイタリア本国の軍事的無防備を解消するための戦略的措置と解されることが多く、またこの「イタリア軍」は、後述する四世紀の機動軍の先駆としばしば位置付けられている。確かに、後世から見ればそうであろう。しかし、セウェルス帝自身の即位の事情に即して同時代的に考えるならば、戦略的な目的はあくまでも二義的であり、それはやはり自身の権力保持を目指したものであったと考えられる。セウェルス帝は、反乱を起こした属州駐留軍によって倒された過去の皇帝たちの二の舞は何としても避けたかったはずである。

セウェルス帝は、自身の立場をさらに安定させるべく、帝国の軍全体の支持を得るための施策も次々と打ち出した。まず、兵士の給与を増額した。一九五年頃に、一二〇〇セステルティウスから二四〇〇セステルティウスに倍増させたのである。実に、ドミティアヌス帝の時代以来、一〇〇年ぶりのことであった。

また、セウェルス帝は、アウグストゥス以来禁じられてきた在職中の結婚も兵士に認めた。この兵士の結婚認可は、すでに既成事実化していた事態を追認したにすぎないとして、その歴史的意義が軽視されることが多いが、ハドリアヌス帝治世以後、ローカル化する傾向にあった兵士が、やがて家族を口実に公然と移動を拒み、反乱を起こすようになることを思えば、その結果は深刻だった。

これらに加えて、ヘロディアヌスによれば、セウェルス帝は兵士たちに黄金の指輪を帯びることを許した。黄金の指輪は騎士身分の象徴である。しかし、さすがに兵士全てに騎士の身分が与えられたとは考えられないので、このヘロディアヌスの記述の解釈は難しいが、いずれにしても、セウェルス帝が兵士によりよい昇進の機会を開いたのは確かである。実際、兵士の期待に応じるポストも作られていった。先に言及したように、セウェルス帝は、三つのパルティカ軍団を創設したが、これらの軍団の司令官には元老院議員ではなく、騎士身分の者が充てられていた。またセウェルス帝は、パルティアとの戦争に勝利した後、新たに属州メソポタミアを創設したが、この属州の総督にも騎士身分の者を任用した。そして、騎士のポストであれば、兵卒上がりの人間でも、上手く昇進を重ねていけば到達することができたのである。

セウェルス帝の兵士に対する考え方は、同時代を生きた歴史家カッシウス・ディオの伝えるその遺言が端的に示している。セウェルス帝は死に際して、二人の息子カラカラとゲタに対して「兄弟仲良くせよ。兵士を富ませよ。その他の者たちは無視してよい」(『ローマ史』第七七巻一五・二)と言い残したとされているのである。セウェルス帝は最期まで、軍の支持さえあれば、帝位は維持できると考えていたのであろう。

しかし、その期待は裏切られることになった。つづくセウェルス朝の皇帝たちは、すべて軍に殺害されたからである。カラカラ帝は、二一六年に近衛長官マクリヌスの陰謀によって遠征先の北部メソポタミアで殺害され、マクリヌスの簒奪を挟んで、セウェルス朝を復活させた一族のエラガバルス帝も近衛隊によってローマ市で二二二年に殺され、次いで帝位に就いたエラガバルス帝の従弟アレクサンデル・セウェルス帝もまた、ライン川流域に遠征していた時に麾下の軍によって二三五年に倒され、セウェルス帝の創始した王朝は滅んだのであった。セウェルス帝の兵士優遇策は、明らかに軍を増長させたのである。

折しも、非常に間の悪いことに、東方ではササン朝ペルシアが興起し、ライン・ドナウ川の流域でも、ゴート人、フランク人、アラマンニ人といった新手のゲルマン民族が出現しつつあった。ローマ帝国は、東西で継続的な戦争に巻き込まれていく。そして、この事態が兵士に自らの力をいっそう自覚させることに繋がり、時代は軍人皇帝時代へと入ることになる。

新たな敵の出現と軍人皇帝時代の混乱

セウェルス朝最後のアレクサンデル・セウェルス帝の治世の二二四年、長年のローマのライバルであった東方の大国パルティアがササン朝ペルシアによって倒された。

ササン朝ペルシアは、アケメネス朝ペルシアの後継者を自任しており、初代皇帝アルダシール一世は、アレクサンデル帝に書簡を送って、旧アケメネス朝の領土、すなわち小アジア以東の地の割譲を要求した。そして、北部メソポタミアやカッパドキアに侵入し、シリアをも脅かした。パルティアとササン朝の間で、軍のあり方や戦術の点で、大きな変化があったわけではない。主力は、変わらず騎兵であったし、ササン朝では、ヘレニズム時代以来途絶えていた象部隊が復活するようになったのが目を引く程度である。にもかかわらず、ササン朝がパルティアとは異なり、ローマの深刻な脅威となったのは、アケメネス朝の領土回復というイデオロギーに裏打ちされたその積極的な攻撃姿勢の故であった。

アレクサンデル帝は外交的な解決を試みたが、アルダシール一世は応じず、両国の戦端が開かれた。アレクサンデル帝自ら東方へ赴き、ローマ軍は三路からペルシア領内に進んだが、いずれの方面でも決定的な勝利を得ることはなく、二三二年には戈は収められた。一方、ペルシアへの遠征が終結した直後には、西方ではゲルマン民族の侵入が起こり、これを知ったアレクサンデル帝麾下の兵士は、ペルシア戦争に引き出された上に、自身の家族がゲルマン民族に破滅させられていると言って、アレクサンデル帝に不満の声を公然と上げたとされている。セプティミウス・セウェルス帝による兵士の結婚認可は、皇帝の地位を危うくさせる要素を明らかにはらんでいたのである。

アルダシール一世の軍事活動は、二四〇年代から再び活発化し、二四一年には北部メソポタミアのローマ側の重要都市ハトラが陥落した。これを受けて、二四二年からはゴルディアヌス三世（在位二三八〜二四四年）が遠征を行ったが、ミシケで大敗を喫し、ゴルディアヌス三世自身が傷を負って、死去してしまった。後を襲って帝位に就いたフィリップス（在位二四四〜二四九年）は、ササン朝に和を乞い、五〇万アウレウスという莫大な賠償金を支払って、撤退することになった（図3-3）。

図 3-3　和を乞うフィリップス帝(イラン，ナクシェ・ロスタム遺跡)．馬上の人物がシャープール１世，その前で跪いているのがフィリップス帝．シャープール１世に手を取られて立っているのがウァレリアヌス帝

莫大な金銭を支払ったにもかかわらず、ササン朝との和平状態は、長くは続かなかった。アルダシール一世を継いだシャープール一世は、口実を設けて、二五一年には再び侵攻を開始したからである。迎え撃ったローマ軍は敗れ、六万の軍勢が失われた。東方の大都市シリアのアンティオキアも陥落し、ササン朝の軍の一部は小アジアのカッパドキアにまで侵入した。時のローマ皇帝はトレボリアヌス・ガルス(在位二五一〜二五三年)であったが、ガルス帝は手をこまねくばかりであった上、東方のローマ軍の主力は壊滅していたため、シャープール一世を撃退したのは、在地の勢力であるエメサ(現シリアのホムス)の神官ウラニウス・アントニヌスと隊商都市パルミラの支配者オダエナトゥスだった。

このように東方がササン朝の侵攻によって混乱に陥っていた時、ドナウ川下流域にはゲルマン民族の一派ゴート人が姿を現した。先に言及したように、もともとバルト海南岸に居住していたゴート人は、二世紀半ばから南方に向かって民族移動を起こし、これがマルコマンニ戦争の大きな要因の一つとなっていたのであるが、問題のゴート人が、三世紀には、ついにローマ帝国の国境にまで姿を見せるようになったのである。

新来のゴート人がローマ帝国を最初に攻撃したのは、軍人皇帝時代が始まって間もなくの二三八年のことで、ドナウ川河口のヒストリア(現ルーマニアのイストリア市近郊)が襲われた。この最初の攻撃の後、ローマ帝国とゴート人の間では、何らかの交渉があり、その結果、ゴート人は、ローマ帝国と同盟関係に入り、年金を受ける代わりに、軍事力を提供することになった。『神君シャープール業績録』――シャープール一世の業績を中世ペルシア語とパルティア語、そしてギリシア語で岩壁に刻んだ碑文で、この碑文はイラン南西部のナクシェ・ロスタムにある――からは、二四二年のゴルディアヌス三世のペルシア遠征軍には、ゴート人の兵士が加わっていたことが知られている。しかし、ゴルディアヌス三世の後継者フィリップス帝は、ササン朝ペルシアへの賠償金に起因する財政難からゴート人への年金の支払いを停止したため、二四六年には彼らのバルカン半島への侵入が再び開始されることになった。

そして、二四八年に起こったゴート人の侵入に対応するため派遣されたデキウスは、彼らの撃退に成功し、現地の軍の支持を得て、皇帝を称した。フィリップス帝は、このデキウスに倒された。

デキウス帝治世の二五〇年には、今度は王クニウァに率いられた七万を超えるゴート人がバルカン半島に入った。デキウス帝自ら事態の収拾に向かい、八万の軍勢を集めたが、二五一年六月にアブリットスで敗れて、皇帝自身が戦死してしまった。

これを受けて新たな皇帝となったのが、下モエシア総督であった上述のトレボニアヌス・ガルスであった。ガルスはクニウァと和議を結び、年金を支払う約束をして撤退させた。だが、クニウァは年金額に不満を言い、二五三年には、またもローマ領に攻撃を加えて来た。この時は、下モエシア総督アエメリアヌスがクニウァを撃退し、これで信望を得たアエメリアヌスが配下の軍によって皇帝に擁立され、イタリア半島に攻め込み、ガルス帝を破った。しかし、アエミリアヌス帝の治世も長くは続かなかった。ガルスは、アエメリアヌスの簒奪を知った段階で、ラエティア(現スイス、ドイツ、オーストリア、ティロル地方にまたがる属州)方面で軍を率いていたウァレリアヌスを救援に呼んでおり、このウァレリアヌスがガルスの死を知ると、皇帝を称してイタリアに入り、アエメリアヌス帝を倒したからである。

ゴート人の襲来がこのような危機的な状況をローマ帝国にもたらした大きな要因は、襲来者の規模が著しく大きくなっていたことにあろう。マルコマンニ戦争の際の襲来者は、千の単位でとどまっていたが、ゴート人は万単位になっていたのである。ゴート人の大規模な襲来は、二七〇年代まで続くが、最大で三二万との記録がある。襲来の目的は、略奪にあり、そのためにゴート人を核に、多くの周辺部族が雪だるま式に膨れ上がって大軍勢となっていたのである。ただし、ローマ帝国にとって救いであったのは、その襲来が四世紀後半以後に見られるような新たな土地を求めての民族移動ではなかったことである。そのため、彼らは侵入してもローマ領内に居座ることはなかった。

図 3-4　アウレリアヌス帝の城壁

また、当時のゴート人の武装や戦術は、タキトゥスが一世紀に『ゲルマニア』で描いた状態から大きく向上していなかったことも幸いであった。彼らの主力は、歩兵であり、鎧兜は一部の指導者たちを除いてはほとんど身に着けておらず、防具は鉄の鋲の付いた木製の楯のみであった。武器は槍やこん棒であり、金属器の不足から剣すら満足にはなかった。攻城の技術も彼らはほとんど有していなかったので、防壁さえ備えていれば、都市が陥落することはほとんどなかった。ただし、長い「ローマの平和」の中で、都市の城壁は、荒廃に帰している場合も少なくはなかったので、三世紀後半以後は、防壁を建造、修繕していく動きが帝国各地で見られるようになっていく。ローマ市を囲むアウレリアヌス帝(在位二七〇~二七五年)の城壁が、その代表的事例である(図3-4)。

ウァレリアヌス帝の分担統治

さて、アエメリアヌス帝を倒して皇帝となったウァレリアヌス帝と言えば、ローマ史を知る読者にとっては、二六〇年にササン朝ペルシアのシャープール一世の捕虜になったということが直ちに想起されるため、そのイメージは芳しくないかもしれない。しかし実は、この皇帝は、アウグストゥスと並ぶ、ローマ軍の改革者であった。

ウァレリアヌス帝の軍制改革の契機となったのは、帝国分担統治策であった。すなわち、ウァレリアヌス帝は、即位すると直ちに息子のガリエヌスを同僚皇帝とし、帝国西部の統治を任せ、自身はササン朝ペルシアへの対策に当たるため、東方へ向かった。この東西分治が意図したのは、一人の皇帝の防衛担当範囲を縮小すると同時に、各戦線にあらかじめ皇帝を置くことで、デキウスやアエメリアヌスのような、皇帝不在の戦線で軍功を上げた属州総督が簒奪者となる事態を防ぐことにあった。

帝国西部を委ねられた息子のガリエヌスは、ライン川とドナウ川の二方面に当たらなければならなかったので、一方の戦線を離れる時には、父親の方針に倣って、自身の若い息子小ウァレリアヌスとサロニヌスを同僚皇帝として残す措置をとった。このような複数の皇帝による帝国分担統治は、後にディオクレティアヌス帝が四帝分治という形で採用し、最終的に軍人皇帝時代を終結に導くが、その考案者はウァレリアヌス帝であったと言えるだろう。

機動軍の形成

帝国の分担統治は、皇帝が常に各戦線に張り付き、戦争を遂行することを意味した。この場合、皇帝の足下には、皇帝と共に移動する軍、すなわち機動軍が、それも常設の機動軍が必要になってくる。

従来のローマの軍制では、常設の機動軍は存在していなかった。ローマ軍は、辺境に配備された軍団と補助軍からなる属州駐留軍がその戦力の大部分であり、セウェルス帝の改革によって、増強されたとはいえ、イタリアにいる皇帝足下の兵力は、そのすべてをかき集めても三万を超えなかった。そのため、遠征などに際して、さらに大規模な機動軍が必要な場合には、近衛隊と第二軍団パルティカを核に、各軍団から選抜されたウェクシラティオと呼ばれる分遣隊を寄せ集めて、一時的に機動軍が編制されたのである。しかし、このような機動軍は、あくまでも臨時編制であり、所期の戦争が終結すれば、解散され、分遣隊は元の軍団に戻っていた。

しかし、こうした急場しのぎでは、ウァレリアヌス帝の帝国分担統治は十分に機能し得ないことは明らかであり、実際、その治世には常設の機動軍が形成されていたことを推定させる現象も確認できる。それは、プロテクトルという称号の出現である。プロテクトルは、ラテン語で「守護者」を意味し、一部の軍人にこの称号が与えられた。そして、彼らこそが皇帝の機動軍の軍人たちであったのである。新たに編制された機動軍の軍人たちには、皇帝への忠誠心を鼓舞するために、プロテクトルの称号が与えられたのであろう。

『神君シャープール業績録』は、ヴァレリアヌス帝の機動軍の規模と内実を教えてくれる。『業績録』によれば、ヴァレリアヌス帝は、自身がシャープール一世の捕虜とされた有名なエデッサの戦いにおいて、七万の兵を率いていた。シャープール一世は、自らの軍功を誇るためにこの『業績録』を書かせているので、その数字には誇張が含まれているかもしれないが、機動軍がかなりの規模であったこと自体は疑う必要はない。また『業績録』は、ヴァレリアヌス帝の機動軍が「ゲルマニア、ラエティア、ノリクム、ダキア、パンノニア、モエシア、イストリア、ヒスパニア、アフリカ、トラキア、ビテュニア、アシア、パンフィリア、イサウリア、リュカオニア、ガラティア、リュキア、キリキア、カッパドキア、フィリュギア、シリア、フエニキア、ユダエア、アラビア、マウレタニア、ロードス、リュディア、オスロエネ、メソポタミア」の帝国各地からの軍勢で編制されていたとも伝えている。これらの軍勢の多くは、軍団からの分遣隊であったと思われるが、機動軍に入れられた分遣隊の多くは、元の軍団には戻らず、独立して運用されていたのであろう。機動軍は、このようにその構成が雑多であった分、プロテクトルの称号は彼らに一体感を持たせるという機能も発揮した。

ガリエヌス帝の機動軍――騎兵部隊の創設

同様の機動軍は、西方のガリエヌス帝の下でも形成された。

ガリエヌス帝の機動軍も、各軍団からの分遣隊をひとつの核としていたことは、二六一年にメディオラヌム(現ミラノ)で製造された貨幣から知ることができる。これらの貨幣には、ガリエヌス帝の機動軍に分遣隊を派遣していた一七もの軍団を讃える銘文が刻まれていたのである(図3-5)。銘文の中には、この段階では既にガリエヌス帝の支配から離れていたゲルマニア属州の軍団名も含まれており、分遣隊の独立運用が進んでいたことを窺わせる。

ガリエヌス帝の機動軍に特徴的であったのは、そこに新型の騎兵部隊が含まれていたことである。

二五八年にドナウ川流域では、インゲヌウスなる者が反乱を起こすが、このインゲヌウスとの戦いで、ガリエヌス側の勝利に決定的な役割を果たしたのは、騎兵長官のアウレオルスであったと伝えられている。アウレオルスは、この後、出世して、ガリエヌス帝の機動軍の全騎兵を率いるようになる。また、ガリエヌス帝は、二六八年に麾下の機動軍の軍人たちの陰謀によってメディオラヌムで殺害されるが、その実行犯は、ダルマティア騎兵の司令官であったし、この陰謀の首謀者の一人であった後の皇帝クラウディウスも騎兵長官であったとされ、同じく後に皇帝となるアウレリアヌスも騎兵を率いていたとされているのである。彼らの率いていた騎兵部隊は、史料上にその存在が特筆されていることから考えて、従来の軍団に含まれていた一二〇騎程度の騎兵や、あるいは補助軍の五〇〇騎の騎兵部隊ではなく、新たに編制された、より大規模なものであったのだろう。騎兵の司令官の地位も上がっており、クラウディウスなどは、五世紀の歴史家ゾシモス(『新しい歴史』第一巻四〇・二)によれば、皇帝に次ぐ地位にあったとされている。

実際、ビザンツ時代の歴史家ケドレノスは「ウァレリアヌスの息子ガリエヌスは、父を継いだ後、騎兵部隊を初めて創設した」と伝えている(『歴史概略』四五四・六)。ただし、騎兵部隊は、二五八年の対インゲヌウス戦の際に姿を現すので、ガリエヌス帝ではなく、ウァレリアヌス帝との共同統治時代(二五三〜二六〇年)に初めて創設されたと見るべきであろう。

図3-5　ガリエヌス帝の貨幣．上は表面，下は裏面

この新型の騎兵部隊は、エクイテスと呼ばれた。ガリエヌス帝の下で創設されたエクイテスには、少なくとも、ダルマティア騎兵部隊、マウリ人

(北アフリカの住民)騎兵部隊、選抜騎兵部隊(エクイテス・スクタリイ)の四部隊があった。これらの騎兵部隊は、後のアウレリアヌス帝かディオクレティアヌス帝の治下において、東方の諸属州に分散配備されるようになるが、分散された部隊の総数は、次章で説明する『ノティティア・ディグニタトゥム』という史料によれば、二四あった。分散部隊の規模は推測になるが、仮に一部隊五〇〇騎とすれば、ガリエヌス帝の下には、少なくとも一万二〇〇〇騎の新型の騎兵部隊がいたことになる。

戦時における騎兵の主たる役割は、その機動力を生かした敵勢の偵察、突撃による敵の戦列の攪乱、さらには逃亡する敵の追撃などにあったが、この時期に騎兵軍が拡充されたのは、敵勢力が帝国内部に深く侵入するようになったからであろう。先に述べたように、ゲルマン民族の侵入の目的は略奪にあったので、小集団に分かれて略奪を行う彼らのところに迅速に向かい、かつ略奪品と共に郷国に帰還しようとする彼らを追撃する必要が高まっていたのである。

徹底していく能力主義

ヴァレリアヌス帝の治世には、機動軍の出現に加えて、さらなる軍制上の変化が確認される。それは、伝統的に元老院議員に委ねられてきたプラエトル格やコンスル格の属州総督、さらにドゥクスと呼ばれる複数属州にまたがる広域で軍を率いる司令官に、騎士身分の者が任用されるようになったことである。コンスル格の属州総督やドゥクスの下には、時に複数の軍団があったので、騎士がこれらの役職に就いた場合は、さらにその指揮下の軍団の司令官もまた同じ騎士に代わっていたと推定できる。元老院議員が騎士の指揮下に入ることはないからである。

そうした騎士の例をいくつか見てみよう。

一九九二年にドイツのアウクスブルクから出土した碑文によれば、騎士のマルクス・シンプリキニウス・ゲニアリスなる者が、遅くとも二六〇年四月には、プラエトル格属州ラエティアの総督職に就いていた。そして、ゲニアリスは、この属州に駐屯する第三軍団イタリカとゲルマニア属州の軍、さらに民兵を率いて、イタリアから戦利品と共に帰還する途中のゲルマン民族の一派ユトゥンギ人を破ったと当該碑文には記されているのである。

また別の碑文によると、二五九年頃の北アフリカでは、騎士のマルクス・コルネリウス・オクタウィアヌスが「アフリカ、ヌミディア、マウレタニアのドゥクス」に任じられていた。この肩書にある属州ヌミディアには、第三軍団アウグスタが駐屯していたので、オクタウィアヌスは、騎士でありながら軍団を率いただけでなく、その麾下の軍団の司令官にも騎士身分の者が任じられたのであろう。

オクタウィアヌスと同じような立場にあった者としては、ポストゥムスが挙げられる。ポストゥムスは、二六〇年にウァレリアヌス帝がササン朝の捕虜になった後、ガリエヌス帝に反乱を起こして、ガリア地方に一時的に独立国を作り上げた人物であるが、このポストゥムスは、『ローマ皇帝群像』(「三〇人の僭称帝たちの生涯」三)によれば「ライン方面軍のドゥクス兼ガリア総督(ドゥクス・リミティス・レニ・エト・プラエセス・ガリアルム)」であり、ゾシモス(『新しい歴史』第一巻三八・二)やゾナラス(『歴史要略』第一二巻二四)と言ったビザンツ時代の歴史家もポストゥムスにライン川方面の防衛が委ねられたと記述している。その身分については、氏素性が定かではないとされているので、元老院議員ではなかったのであろう。したがって、ポストゥムスも元老院議員の身分ではないにもかかわらず、軍団を指揮し、またその指揮下の軍団の司令官も騎士になっていたに違いない。

ウァレリアヌス帝がこのように元老院議員に代えて、騎士身分の人間を軍の司令官レベルの職に就けた背景には、能力主義があった。

ウァレリアヌス帝の能力主義をよく示すのは、スッケシアヌスとオダエナトゥスの事例である。前者のスッケシアヌスは、黒海東岸のピトゥスの駐留軍を率いていた時に、この町を襲撃したゴート人を撃退した。二五五年頃のことである。これを聞いたウァレリアヌス帝は、スッケシアヌスを直ちに近衛長官に任じたのである。スッケシアヌスは、一介の騎士身分の補助軍部隊の司令官であったが、その能力を認めたウァレリアヌス帝は、騎士身分の昇官階梯を無視して、この人物をいきなり近衛長官という騎士身分の最高位に取り立てたことになる。

一方、オダエナトゥスは、先に言及したように、隊商都市パルミラの指導者であったが、ウァレリアヌス帝によって、二五七年頃に属州シリア・フォエニキア総督に任じられた。オダエナトゥスは、総督任用以前から名誉的に元老院議員の身分を与えられてはいたが、正規の元老院議員の公職階梯を歩んではおらず、有力な地方都市の指導者にすぎなかったので、この任用は全く異例であった。オダエナトゥスが登用された二五七年頃には、ウァレリアヌス帝は、小アジア方面にゲルマン民族の侵入を受けてシリア方面を離れざるを得なかったので、おそらく、自身の不在のペルシア戦線の指揮を、その能力を見込んでオダエナトゥスに任せようとしたのであろう。これも一種の分担統治であった。

ウァレリアヌス帝の採った非常時における能力主義は、かつてのマルクス・アウレリウス帝と同じである。ただし、決定的に異なるのは、ウァレリアヌス帝が、騎士を元老院議員に任じることなく、騎士をその身分のままで、元老院議員の就くポストに任用していることである。また、騎士の内実も、伝統的な都市の有産層ではなく、兵卒上がりの軍人になっていたと推定されるが、ウァレリアヌス帝の治世においては確証できない。

バルカン半島出身の軍人の台頭

二六〇年にウァレリアヌス帝がササン朝の捕虜となって歴史から姿を消した後、ローマ帝国は大混乱に陥り、先に言及したように、ガリア地方ではポストゥムスが簒奪を行い、やがてヒスパニアとブリタンニアもその支配下に収めた。正統帝のガリエヌスは、イタリア、アフリカ、バルカン半島、小アジア等を何とか保持したものの、シリアなどの東方の諸属州については、パルミラの指導者オダエナトゥスにその統治を委ねざるを得ず、事実上、帝国は三つに分裂してしまった。

兵卒上がりの軍人の台頭がはっきり確認できるようになるのは、このウァレリアヌス帝捕囚後のガリエヌス帝の単独統治下(二六〇～二六八年)においてである。

四世紀半ばの歴史家アウレリウス・ウィクトル(『皇帝史』第三三巻三四)によれば、ガリエヌス帝は、勅令を発して、元老院議員が軍務に就くことを禁じたとされている。この「ガリエヌス勅令」の存在については疑義があるが、同帝の単独統治期以後、プラエトル格属州総督や軍団司令官、それに軍団将校のなかに元老院議員の姿が見えなくなるのは事実である。そして、元老院議員に代わって、軍の司令官クラスの役職に就いたのは、バルカン半島出身の兵卒上がりの軍人たちであった。その主だった顔ぶれは、二六八年のガリエヌス帝暗殺事件のメンバーに見ることができる。それは、クラウディウス、アウレリアヌス、マルキアヌス、ヘルクリアヌスらである。

クラウディウスは、ダルマティア地方の出のようであるが、「先祖についてはほとんど何も知られていない」(『ローマ皇帝群像』「神君クラウディウスの生涯」一三)とされるように、下層民上がりであった。先に言及したように、ガリエヌス帝の暗殺時には騎兵長官だった。

アウレリアヌスは、ダキア・リペンシス(現ブルガリア北西部)の出身と伝えられている。その父親は、一説によれば、アウレリウスという名の元老院議員の小作人であった。また別の史書によれば、アウレリアヌスは「名もない家」(『ローマ皇帝群像』「神君アウレリアヌスの生涯」三)に生まれた。クラウディウスと同じような出自であったとみてよく、一兵卒として軍に入ったことは疑いない。やはり、事件の際には、騎兵部隊の司令官を務めていた。

マルキアヌスについては、碑文にその経歴が比較的詳しく残されている。その碑文によれば、マルキアヌスは、プロテクトル称号を帯びた近衛隊将校からドゥクス、さらにストラテラテスへと昇進していった。最後のストラテラテスは、ギリシア語で将軍の意味であり、この役職によって、ドゥクスよりも、さらに広域な軍の指揮権を与えられていたと思われる。マルキアヌスは、二六八年には、バルカン半島に侵入したゴート人の掃討作戦の指揮を任されていたので、ストラテラテスはおそらくこの立場のことを指しているのであろう。マルキアヌスは、この掃討作戦に携わっていたため、ガリエヌス帝暗殺現場には遅れてやってきたことになっている。

その出身地は、バルカン半島のトラキア地方(現ブルガリア南東部)と推定できる。

ヘルクリアヌスは、当時、近衛長官であった。前歴については、失敗に終わったパルミラ遠征軍のドゥクスを務めたことが知られているだけである。トラキア地方の都市トラヤナ・アウグスタ(現ブルガリアのスタラ・ザゴラ)から、この人物に捧げられた碑文が出土しているので、この都市の出身であったのかもしれない。まず兵卒上がりと見て間違いないであろう。

ガリエヌス帝の暗殺事件は、反乱を起こしたアウレオルスを北イタリアのメディオラヌムに包囲している最中に起こったが、先にも言及したこのアウレオルスは、この時代に台頭した典型的な軍人である。アウレオルスは、ダキアの牧童から身を起こして、近衛騎兵部隊の隊長から、騎兵長官を経て、最後にはラエティア方面のドゥクスとなって、この立場で帝位を僭称したのであった。

以上のように、三世紀後半のガリエヌス帝治世末期には、バルカン半島出身の兵卒上がりの軍人が台頭したのであるが、これはガリエヌス帝が当時支配し得た領域のうち、良質な兵士の供給地がバルカン半島の諸属州(パンノニア、モエシア、ダキア、ダルマティア、トラキア)であったからであり、皮肉なことに、ガリエヌス帝は自身が取り立てた軍人たちによって暗殺されたことになる。

ガリエヌス帝以後は、クラウディウス、アウレリアヌス、タキトゥス、プロブス、カルス、ヌメリアヌス、ディオクレティアヌスらが次々と皇帝になるが、このうちクラウディウス、アウレリアヌス、プロブス(シルミウム出身)、ディオクレティアヌス(ダルマティアのサロナ〈現クロアチアのスプリト〉出身)は、疑いなくバルカン半島出身の軍人だった。ディオクレティアヌス帝の父親は、一書によれば、解放奴隷であった。タキトゥスについては、元老院議員であったとの伝承があるが、『ローマ革命』の著者として知られるR・サイムによれば、タキトゥスもまたバルカン半島出身の軍人だった。カルスとヌメリアヌスは親子であり、彼らの出身地については、ナルボ(現フランス南部のナルボンヌ)と伝えられるが、これをバルカン半島のナロナ(現クロアチアの海岸地帯にあった都市)の誤記とみなし、やはりバルカン半島がその出身地であったとする見方もある。いずれにしても、軍人上がりであったことは確かであろう。

こうして、クラウディウス帝の治世以後は、軍の最高司令官である皇帝の地位すらもが軍人の手に落ち、字義通りの軍人皇帝時代となっていたのである。

軍人皇帝たちの機動軍

そして、彼ら軍人皇帝の権力基盤となったのは、ガリエヌス帝の下にあった機動軍であった。クラウディウス帝は、この機動軍に集った高級軍人たちの手で皇帝になったのであり、彼らが陰謀を企んだこと自体が、この当時、機動軍の兵士の入れ替わりが少なく、恒常的な性格を帯びていたことの証左でもある。

クラウディウス帝は、即位後、この機動軍を率いてバルカン半島に向かい、ゴート人と戦い大勝利を挙げるが、間もなく疫病にかかってシルミウムで死去する。

クラウディウス帝の治世(二六八～二七〇年)には、夜警隊長官であったユリウス・プラキディアヌスがガリア・ナルボネンシスに派遣されていたことが碑文から知られるが、プラキディアヌスの率いた軍は、軍団の分遣隊(ウェクシラティオ)と新型騎兵部隊(エクイテス)から編制されており、当時、皇帝の機動軍と同じ構造を持った軍が地方にも展開していたのである。

クラウディウス帝が死去すると、北イタリアのアクイレイアで軍を率いていた弟のクインティルスが皇帝を称した。しかしシルミウムに留まっていた機動軍は、クインティルスの即位を認めず、アウレリアヌスを皇帝として選出したため、機動軍の支持を得られなかったクインティルスは事態に絶望して自殺した。

アウレリアヌス帝の治世初期の二七一年から二七二年にかけては、イタリアにユトゥンギ人が、パンノニアには同じくゲルマン民族のヴァンダル人が侵入した。アウレリアヌス帝は、いずれも撃退し、彼らとの戦後交渉に臨んだが、その際にアウレリアヌスが率いていた軍の姿を同時代の歴史家であるデクシッポスが伝えている。

ユトゥンギ人の使節を引見した際、アウレリアヌス帝は、彼らを威嚇するために、軍を戦列につけた。帝自身は、高い壇の上に着座し、壇の周りには、半月形に兵士たちが取り巻いた。将校たちは騎乗して臨席した。そして、皇帝の背後には、「選抜された部隊」の徴――すなわち黄金のワシの像、皇帝たちの肖像、そして金の刺繡で部隊名を書いた旗——が立ち並んだのである(『ゴート戦争史』断片二八・二)。ここで言及されている選抜された部隊とは、機動軍のことであろう。なお、ユトゥンギ人は、交渉の中で、自らの兵力を騎兵四万、歩兵八万と語っているが、この兵力は明らかに誇張であり、仮にローマ側の倍くらいに誇張していたとすれば、アウレリアヌス帝の機動軍は六万ほどの数と推定できる。一方、ヴァンダル人との交渉終結の後には、アウレリアヌス帝は、歩兵と騎兵の大部分を先にイタリアに出発させ、自身は供回りの兵たちと近衛兵、同盟部隊とした二〇〇〇人のヴァンダル人とその子供の人質とともに、その後を追ったとされている(『ゴート戦争史』断片二八・一〇)。

二七三年にアウレリアヌス帝は、ローマに反旗を翻したパルミラの女王ゼノビア(オダエナトゥスの寡婦)との決戦にシリアのエメサで臨んだ。この時にアウレリアヌス帝が率いていた機動軍の姿は、ゾシモスの史書に記録されている。ゾシモス(『新しい歴史』第一巻五二・三)によれば、それは、ダルマティア騎兵、モエシア、パンノニア、ノリクム、ラエティアの兵に加えて、近衛兵、マウリ人騎兵、アシア、メソポタミア、シリア、フォエニキア、パラエスティナの兵から編制されていた。ここからも、アウレリアヌス帝の機動軍が、ダルマティア騎兵などの新型騎兵部隊とモエシアなどの軍団からの分遣隊とによって編制されていたことが分かる。

機動軍の兵力については明らかではないが、エメサの戦いでのパルミラ軍は七万であったとされているので、同程度の兵力だったのであろう。七万という数字は、ウァレリアヌス帝の機動軍と同じである。

アウレリアヌス帝は、二七五年に、ペルシア遠征に向かう途上、ビザンティウム(のちのコンスタンティノープル、現イスタンブル)近郊で暗殺されてしまうが、次のタキトゥス帝選出に深く関与したのもこの機動軍であった。ただし、タキトゥスは、皇帝に選出された際には、南イタリアにおり、機動軍のもとに赴いて、皇帝となっている。タキトゥスの即位の事情はこのようなものであったため、一定の空位期間が発生したが、この間、帝国の地方の軍が勝手な動きを示さなかったのも、機動軍の力が圧倒的であったからであろう。

タキトゥスの治世は、わずか半年で終わり、次いでその弟で近衛長官であったフロリアヌスを機動軍は皇帝と認めた。しかし同時期には、東方でドゥクスとして軍を率いていたプロブスが皇帝を称し、両軍は小アジアのタウルス山脈を挟んで対峙した。しかし、機動軍はフロリアヌスを見捨て、プロブスに付いたため、プロブス帝はガリエヌス帝以来引き継がれてきた機動軍を無傷で接収した。同じことは、プロブス帝治世末期にも起こった。二八三年に、ラエティアとノリクム(現オーストリア、スロベニア、ドイツにまたがる属州)で軍を率いていたカルスが反旗を翻した。このままでいけば、両軍の衝突となるが、プロブス帝麾下の機動軍は、今度はプロブス帝を見限って、カルスに付いたのである。

プロブス帝は、兵士を手持無沙汰の状態にさせておいてはならないと考えており、戦争がない時にも、常日頃、さまざまな仕事をさせていた。カルスの反乱を受けた時も、兵士を自身の郷里であるシルミウムで沼地の干拓事業に動員していた。さらにプロブスは、「遠からず、兵士は必要なくなるであろう」(『ローマ皇帝群像』「プロブスの生涯」二〇)とも口にしていたという。こういったことが積み重なって、プロブス帝は機動軍の兵士の憎しみを買って、裏切られたのであった。

皇帝となったカルスは、プロブス帝の機動軍を率いて、直ちにペルシア遠征に向かった。カルス帝は、破竹の勢いで進撃して、ペルシアの都クテシフォンを落とし、さらにティグリス川を越えたが、落雷に遭って死去。カルス帝を失った機動軍は遠征を中断し、その帰途、カルス帝の後継者ヌメリアヌスは謎の死を遂げ、代わって機動軍が皇帝に擁立したのがディオクレティアヌスであった。二八四年一一月のことである。

変貌したローマ軍

こうしてローマ軍は、二世紀後半のマルクス・アウレリウス帝に始まり、セウェルス帝を経て、ウァレリアヌス帝とガリエヌス帝に至るまでの一連の変化を経て、ディオクレティアヌス帝の即位以前に、その姿を大きく変えていた。

軍団司令官や属州総督といった旧来の軍の司令官は、遅くともガリエヌス帝の治世には、元老院議員ではなくなり、兵卒上がりの軍人となっていた。軍が皇帝選出において決定的な影響力を持っていたローマ帝国においては、このことは皇帝の地位すら軍人の手に落ちたことを意味し、クラウディウス帝治世以後は、実際にそうなってしまった。兵士たちの目から見れば、「ローマの平和」の時代においてはほぼ百人隊長止まりであった彼らの出世の道は、一気に皇帝にまで開かれるようになっていたのである。

軍の中心は、皇帝麾下の機動軍となっており、機動軍では騎兵の重要性が増した。他方、辺境に配備されていた軍団は、分遣隊に分かれて運用されることが多くなり、一部は先に見たように中央の皇帝機動軍、あるいは地方の機動軍に入り、また別の一部はパンノニアのシルミウム、ポエトウィオ(現スロベニアのプトゥイ)、あるいはマケドニアのリクニドゥス(現北マケドニアのオフリド)などの戦略的要地に置かれて、内地の防衛に当たっていた。伝統ある軍団は、ほぼ解体されていたのである。このような事態によって、属州総督の指揮する軍事力は大幅に縮小し、またドゥクスと呼ばれる属州の境界を越えて広域の軍事指揮権を有する役職もしばしば置かれるようになっていたので、属州総督の事実上の文官化が進んでいたと想像できる。

一方で軍事的に重要な地位は、属州総督や軍団司令官から、騎兵部隊の司令官をはじめとする機動軍所属部隊の司令官やドゥクス等へと移っていた。三世紀後半に皇帝となった者たちは、タキトゥス帝をおそらく例外として、即位直前にはみな、これらの地位にあった。クラウディウス帝とアウレリアヌス帝は機動軍の騎兵部隊の司令官であり、プロブス帝とカルス帝は、前者は全東方の軍を率いるドゥクスであり、後者を皇帝と歓呼したのは「ラエティアとノリクムの軍」だった。そして、ディオクレティアヌス帝は、カルス帝の機動軍内にあった後述のプロテクトル部隊の司令官を務めていたのである。

ディオクレティアヌス帝の機動軍

以上のようなマルクス・アウレリウス帝の治世に始まるローマ軍の変容過程に一つの帰結をもたらしたのが、ディオクレティアヌス帝とコンスタンティヌス帝であった。

両皇帝の軍事政策については、その合作として後期ローマ帝国の軍隊が形成されたとみなす立場と、両者を対照的に捉えて、ディオクレティアヌス帝を辺境防備に意を注いだ伝統的な軍事政策の信奉者、対するコンスタンティヌス帝を機動軍重視の深層防御体制の創設者とみる立場とに分かれている。しかし筆者はそのいずれの立場もとらない。彼らの引き継いだ軍は、「ローマの平和」の時代からは既にその姿を大きく変えていたのであり、したがって、両皇帝はその抜本的な変革者ではなかったし、コンスタンティヌス帝はディオクレティアヌス帝の軍事方針を転換させたわけではなく、むしろ継承者だったのである。

ディオクレティアヌス帝は、カルス帝とその子ヌメリアヌス帝の機動軍によって皇帝に擁立されたので、この機動軍をそのまま引き継いだと見て間違いないだろう。

ディオクレティアヌス帝の機動軍は、ヨウィアヌスとヘルクリアヌスという称号を与えられた軍団、ランキアリウス部隊、プロテクトル部隊、エクイテス、近衛隊などを核に、属州駐留の軍団からの分遣隊を加えたものであった。

ヨウィアヌスの称号は、ディオクレティアヌス帝が自身の守護神としたユピテルに由来する。一方、ヘルクリアヌスの称号は、ディオクレティアヌスの同僚皇帝であったマクシミアヌスの守護神ヘラクレスから来ている。これらの称号を与えられた軍団の実態については議論があり、これをディオクレティアヌス帝が創設した属州駐留軍団である第一軍団ヨウィアと第二軍団ヘルクリア(現ルーマニア東部にあったトロエスミス駐屯)の分遣隊が機動軍に入れられたものとする見方や、機動軍のために新たに創設された軍団とする説がある。一方で、古代の軍事学者ウェゲティウスによれば、かつてイリュリクム地方には投げ矢の戦法に巧みな軍団が二つあり、ディオクレティアヌス帝は、これらの軍団の力を讃えて、このうちの一つの軍団に自身の称号ヨウィアヌスを、もう一方の軍団にはヘルクリアヌスの称号を与えて、両軍団とも他の軍団よりも上席扱いとした、とされている(『軍事論』第一巻一七)。

ランキアリウスは、ランキアと呼ばれる短めの投げ槍を四~五本装備した歩兵、あるいは騎兵のことで、もともとは軍団兵の一部であったが、選抜されてランキアリウスからのみ成る特別部隊が編制されていたようである(図3-6)。ランキアリウス部隊に属した軍人として、ウァレリウス・ティウンプスなる人物が碑文から知られている。ティウンプスは、下モエシア属州駐留の第一一軍団クラウディアの兵士であったが、「神聖なる機動軍にランキアリウスとして選抜され」、続いてプロテクトルとなり、この官職を五年務めて一旦除隊された後に、第二軍団ヘルクリアの司令官となったのである。

ティウンプスも入ったそのプロテクトル部隊については、少々説明が厄介になる。プロテクトルは、先に見たようにウァレリアヌス帝が機動軍の軍人に付与した称号であったが、実は、三世紀前半のカラカラ帝の治世には、称号としてのプロテクトルに先立ってプリンキパレス級の官職としてのプロテクトルがあり、部隊を編制して皇帝や属州総督の護衛に付いていた。プロテクトル称号は、ガリエヌス帝の治世にはなくなってしまったが、護衛部隊の官職としてのプロテ

図3-6　現シリア出土の墓碑に描かれたランキアリウス兵(後3世紀)

クトルは残り続け、ディオクレティアヌス帝も即位直前には、ヌメリアヌス帝（在位二八三〜二八四年）のプロテクトル部隊の司令官を務めていた。プロテクトル部隊は、本来は護衛部隊ではあったが、遅くとも四世紀には要人の逮捕・連行から密貿易の監視や徴兵業務の監督まで、様々な任務を果たし、また同時に幹部候補生学校としての機能ももつようになり、ティウンプスの経歴からも分かるように、この部隊のメンバーから軍の司令官が選ばれるようになっていたのである。

ディオクレティアヌス帝の機動軍の規模については、皇帝の護衛部隊を超えるものではなかったとの見解もあるが、対外戦争や内乱の危険性に常に直面していたディオクレティアヌス帝が、自身が引き継いだ機動軍を大幅に縮小させる必然性はなかったはずであり、それなりの規模を維持していたと見るべきであろう。その具体的な規模については、ディオクレティアヌス帝の軍事政策全体と関わるので、後段で推定してみたい。

増強された軍隊

ディオクレティアヌス帝は、即位の翌年である二八五年に、軍の同僚であったマクシミアヌスを同僚皇帝に任じ、帝国西部の統治を委ねたので、機動軍はマクシミアヌス帝の下にも編制された。二九三年には、さらに二人の人物、すなわちガレリウスとコンスタンティウス一世がそれぞれ東西の副帝とされ、有名な四帝分治制（テトラルキア）がとられたので、機動軍はさらに二つ増えることになった（図3-7）。

ディオクレティアヌス帝は、機動軍の数を増加させただけでなく、辺境の防衛を強化した。五世紀の歴史家ゾシモスが「……ローマ人の領土の全辺境地帯が、ディオクレティアヌス帝の賢明さによって、都市と要塞と塔で区画され、すべての兵士たちがそこに駐屯したので、蛮族の侵入は不可能になっていた。あらゆるところで、軍事力で対抗して、侵入者を撃退できるようになっていたのである」（『新しい歴史』第二巻三四）と述べているように、辺境に配備された兵員は増強され、また防衛線が強化されたのである。

防衛線の強化は、考古学的にも確認できる。その跡がもっとも明瞭に残るのは、ローマ帝国東方辺境である。シリアのダマスカスからパルミラを通ってスラ（現シリアのスーリヤ）に至るまでの区間には、ストラタ・ディオクレティアナ（ディオクレティアヌス道）と呼ば

図3-7　四帝分治の皇帝たち（ヴェネツィア，サン・マルコ大聖堂）

れる軍用道路が通され、この軍用道路には、一二〇ローマンマイル(約三二キロメートル)ごとに要塞が建てられ、軍が配備された(図3-8)。辺境に軍道を通すことで、軍の移動を容易にし、同時に軍道に要塞が置かれたことで、軍道は防衛線の機能を果たすようになったのである。

『ノティティア・ディグニタトゥム』によれば、ダマスカスからパルミラまでの区間はドゥクス・フォエニキスの、パルミラからスラまでの区間はドゥクス・シリアエの指揮下に置かれていたが、このように辺境に配された軍を属州総督ではなく、軍司令官のドゥクスに委ねることも、ディオクレティアヌス帝の治世から本格的に進んでいった。ディオクレティアヌス帝は、ドゥクスの設置と並行して、属州を細分化し、さらに細分化された属州を一二の管区(ディオエケシス)にまとめる行政改革も行っている。さらに、四世紀半ばには、管区をまとめる道(プラエフェクトゥラ)と呼ばれる四つの行政単位(イタリア道、ガリア道、イリュリクム道、オリエンス道)が創られた。

ディオクレティアヌス帝は、機動軍の数を増やし、同時に辺境にも多くの兵力を置いたため、ローマ帝国全体の兵力は増加した。

ディオクレティアヌス帝と同時代を生きたキリスト教の護教家ラクタンティウスは、迫害者であった同帝に悪意を込めつつ、「ディオクレティアヌス帝は、自身の帝国支配のために三人の皇帝を創り出した。世界は四つに分けられ、軍は増大させられた。なぜならば、皇帝一人一人が、以前の皇帝たちが一人で国家を支配していた時に保有していたよりも、はるかに多くの兵力を持とうと競ったからであった。こうして、受け手〔兵士〕が与え手〔農民〕よりも増え始め、課税は膨大になり、農民の力は疲弊し、農地は放棄され、耕地は森になってしまった」(『迫害者たちの死』七)と述べ、その兵力増強を批判した。

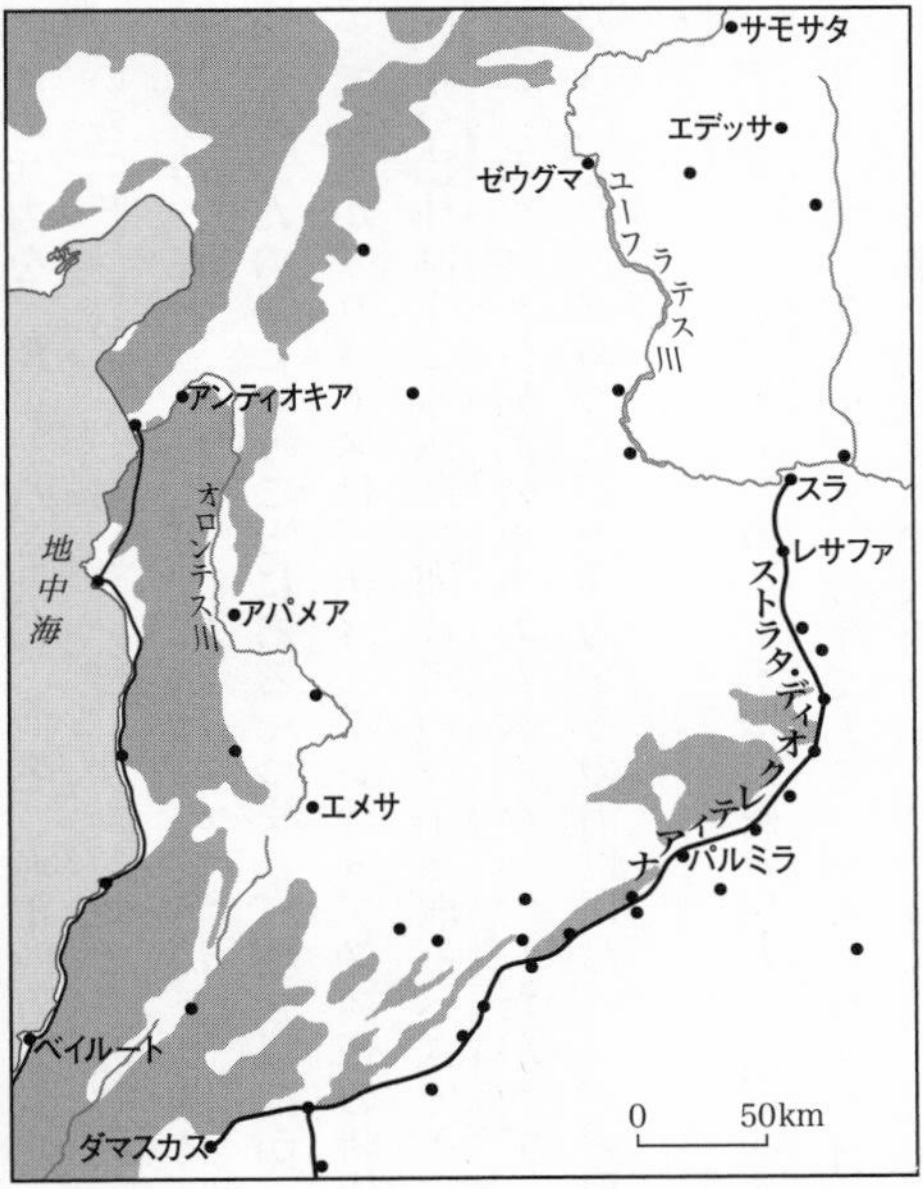

図3-8　ストラタ・ディオクレティアナ

ラクタンティウスの証言をそのまま受け取るならば、セウェルス帝の軍制改革以後の兵力(三四個軍団および補助軍)が四〇万ほどと推計できるので、ローマ帝国全体の兵力はその四倍、つまり一六〇万を超えたことになるが、しかしこれは常識的に考えて、あり得ない数字である。

これに対して、六世紀の東ローマの学者ヨハンネス・リュドスは、ディオクレティアヌス帝時代の兵力を、陸軍三八万九七〇四名、海軍四万五五六二名で、総計四三万五二六六名と伝えている(『暦月について』第一巻二七)。リュドスは、近衛長官府の官僚であったので、それなりの根拠があったと思われるが、問題はこの数字がディオクレティアヌス帝治世のいつの段階の兵力であったのかということにある。つまり、増強以前か、以後の数字のどちらなのかということであるが、リュドスは、ディオクレティアヌス帝の時代の兵力と言っているので、おそらく四帝分治体制をとる以前の即位時の数字と取るべきであろう。実際、リュドスの伝える陸軍の数は、セウェルス朝期の軍事力と大差ない。したがって、ディオクレティアヌス帝は、三九万から四〇万ほどあった陸上兵力をその治世においてどの程度増強させたのかが、次の問題となる。

ディオクレティアヌス帝による増強後の兵力を推定させる手掛かりとなるのは、六世紀の歴史家アガティアスの伝える数字である。アガティアスは、「以前の皇帝たちの時代」の兵力として、陸海軍を合わせて、六四万五〇〇〇を挙げている(『歴史』第五巻一三・七)。一方、後期ローマ帝国史の大家A・H・M・ジョーンズが『ノティティア・ディグニタトゥム』から推定する陸軍の兵力数は六〇万であり、アガティアスの挙げる数字と近い。おそらく、この六〇万ほどが制度上の陸上兵力として認識されていたのではないだろうか。そして、三世紀末にあった三九万から四〇万ほどの兵力を六〇万にまで増強させたのは、機動軍の数を増やし、辺境の兵力を増強させたディオクレティアヌス帝と見てまず間違いないだろう。

なお、『ノティティア・ディグニタトゥム』では、六〇万のうちのおよそ三分の一強に当たる二一万七〇〇〇が機動軍となっている。ディオクレティアヌス帝時代の機動軍の数は、二一万よりも少なかったであろうが、仮に、この数字を単純に四で割ると、四帝分治の皇帝の一人の機動軍の規模は、五万強となる。五万という数字は、軍人皇帝時代の大規模な遠征軍が六万から七万であったことを考えるならば、ディオクレティアヌス帝の機動軍の数字としてはそれほどおかしなものではない。

コンスタンティヌス帝のローマ軍——完成した機動軍

二世紀後半に端を発したローマ軍の変容の総仕上げは、コンスタンティヌス帝の激しい権力闘争の過程でなされていった。

コンスタンティヌス帝が激しい内乱をくぐりぬけなければならなかったのは、彼が本来、ディオクレティアヌス帝の四帝分治体制下では、皇帝になるべき人物ではなかったからである。四帝分治体制は、東西に正帝と副帝を置くことで、ウァレリアヌス帝の帝国統治分担体制と同じく一人一人の皇帝の防衛範囲を縮小し、また簒奪帝の出現を防止することを目指していたが、最終的には帝位継承の機能をも持つようになっていた。すなわち、ディオクレティアヌス帝のプランでは、東西の正帝は在位二〇年を目途に退位し、それに伴って副帝が正帝に昇格し、新たな副帝が選出されることで、四帝分治体制は帝位継承システムとしても永久に機能すべきものだったのである。

また、新副帝選出に当たっては、世襲原理は排された。三〇五年にディオクレティアヌス帝が退位した時には、このプランが実行されたのであったが、翌年、西方正帝となっていたコンスタンティウス一世がブリタンニアで病没すると、コンスタンティウス一世麾下の機動軍は、四帝分治体制の原理に反して、その場にいた息子のコンスタンティヌスを皇帝に擁立したのである。

コンスタンティヌス帝の即位は認められるべきものではなかったが、東方正帝ガレリウスは、内乱を恐れ、コンスタンティヌス帝を西方副帝としてやむなく容認した。そして、コンスタンティウス一世に代わる西方正帝として新たにセウェルスを選出し、四帝分治体制の体裁を維持した。しかし、コンスタンティヌス帝の存在が容認されたことは、さらなる波乱を生むことになった。

当時、ローマ市には、ディオクレティアヌス帝と共に退位した西方正帝マクシミアヌスの息子マクセンティウスがいたが、このマクセンティウスまでもが同市に残されていた近衛隊の支持で皇帝を称したのである。ガレリウス帝は、さすがにマクセンティウスの登位は認めることはできず、セウェルス帝に追討を命じるが、セウェルス帝は敗れた。ガレリウス帝自身が続いてローマ市に向かったが、やはり撤退する羽目になった。こうして、西方では、コンスタンティヌスとマクセンティウスが皇帝となって、前者はブリタンニアとガリアを、後者はイタリアとアフリカとヒスパニアを支配することになったのである。ただし、ガレリウスは、それでもマクセンティウスの存在は認めず、セウェルスに代わって、リキニウスを新たに西方正帝とした。

四帝分治体制が崩壊する中、帝国の統一に向かって動いたのは、コンスタンティヌス帝であった。

コンスタンティヌス帝は、三一二年にマクセンティウスを打倒すべくイタリアに進撃を開始した。この時、コンスタンティヌス帝が率いていた軍勢は、父親のコンスタンティウス一世の機動軍を異民族の戦争捕虜とゲルマニア、ガリア、ブリタンニアの兵で大きく強化したもので、兵力は、ゾシモス(『新しい歴史』第二巻一五)によれば、歩兵九万、騎兵八〇〇〇だった。異民族からの軍は、後に「アウクシリア・パラティナ(宮廷補助軍)」と呼ばれ、機動軍を構成する重要な歩兵部隊となる。対するマクセンティウスの軍は、イタリアとアフリカ、シチリア島からの兵から成っており、その兵力は歩兵一七万、騎兵一万八〇〇〇だったとされている。

一方、『ラテン語賞賛演説集』という史料は、コンスタンティヌス帝の兵力を四万、マクセンティウス帝の兵力を七万としている(九・三・三、九・五・一―二)。ゾシモスの伝える兵力については、先に推定したディオクレティアヌス帝の機動軍の規模から考えてもやや多く、『ラテン語賞賛演説集』のほうが実数に近いように思われる。実際、ゾシモスの数字は、遠征軍の数ではなく、両皇帝の領内にあった兵力とビザンツ史家W・トリドゴールドは解釈している。おそらく、この解釈が正しいのだろう。いずれにしても、コンスタンティヌス帝の兵力のほうが少なかったのは確かなようであるが、両軍はローマ市のミルウィウス橋で衝突し、マクセンティウスが敗れた。

コンスタンティヌス帝は、マクセンティウスを倒した後、マクセンティウスを支持していた近衛隊と近衛騎兵部隊を解体した。これによって、近衛長官は、その指揮する部隊をなくして、文官となり、軍に対しては物資供給の任のみを負うようになった。自動的に、管区長官もその軍の指揮権をなくした。管区長官は、近衛長官の代理という立場であったからである。こうして、コンスタンティヌス帝の治世には、属州統治における軍政と民政の分離が貫徹した。また解体された近衛部隊と近衛騎兵部隊に代わって、スコラエ・パラティナエと呼ばれる皇帝護衛部隊が新たに創設された。スコラエ・パラティナエは、一部隊五〇〇名規模の騎兵部隊で、四世紀末には西方に五部隊、東方に七部隊存在し、文官のマギステル・オフィキオルム(行政長官)の指揮下に置かれた。

一方、東方では、マクセンティウス帝との戦いに先立って、三一一年には東方正帝ガレリウスが病死し、その遺領は西方正帝リキニウスと東方副帝マクシミヌス・ダイアが分割した。リキニウス帝は、コンスタンティヌス帝と同盟を結び、三一三年にはキリスト教を公認するミラノ勅令を連名で発し、さらに同じ年には、マクシミヌス・ダイア帝を倒し、東方をその支配下に収めた。コンスタンティヌス帝とリキニウス帝が東西に並び立つことになったが、同盟関係は長くは続かず、コンスタンティヌス帝がやはり攻勢に出た。

コンスタンティヌス帝は、三一四年には、パンノニアのキバラエ(現クロアチアのヴィンコヴチ)で終日続いた激戦の末、リキニウス帝の軍を破った。しかし、敗走するリキニウス帝を取り逃したため、再度の戦闘となり、引き分けて、講和に持ちこまれた。コンスタンティヌス帝は、三二四年七月に再び、リキニウス帝に対して攻撃を開始した。この時、コンスタンティヌス帝は、やはりゾシモス(『新しい歴史』第二巻二二)によれば、歩兵一二万と騎兵一万を準備して、戦いに臨み、歩兵一五万、騎兵一万五〇〇〇を集めたリキニウス帝にアドリアノープル近郊の戦いで勝利した。リキニウス帝は、またも再起を図って逃亡し、抵抗したものの、九月には捕らえられて、翌三二五年初頭に処刑された。

ゾシモスの伝えるアドリアノープルの戦いの両軍の兵力も大きいが、この数もそれぞれの領内の軍総数(ただし、コンスタンティヌス帝の兵力はイリュリクム地方のみ)であり、機動軍の数ではない可能性が高い。先に名を挙げたトリドゴールドによれば、ゾシモスが挙げてきた四つの数字（＝三一二年のコンスタンティウスとマクセンティウスの兵力と三二四年のコンスタンティヌスとリキニウスの兵力）を総計すると五八万一〇〇〇となり、アガティアスやジョーンズの挙げる数に近い。おそらく、この六〇万ほどの数が当時のローマ帝国の総陸上兵力であったのであろう。ちなみに、ゾシモスがその兵力数を挙げないキバラエの戦いの兵力について、『コンスタンティヌス大帝伝』（五・一六）は、リキニウス帝は歩兵三万五〇〇〇と騎兵、対するコンスタンティヌス帝は二万の軍勢を率いていたとされる。この数字は、ゾシモスが挙げてきた数に比べるとずいぶん少ないが、『コンスタンティヌス大帝伝』は、簡略ながら良質な史料であり、無視できない。この程度の数字が、実際の遠征軍の規模であったに違いない。

以上のようにコンスタンティヌス帝は、三〇六年に即位してから三二四年まで、常に対立皇帝との緊張関係を強いられたため、自身の権力基盤となる機動軍を、上述のようにアウクシリア・パラティナやスコラエ・パラティナエによって強化したのであるが、それにとどまらず、機動軍の司令官として、歩兵軍司令官（マギステル・ペディトゥム）と騎兵軍司令官（マギステル・エクイトゥム）の職も設置して、制度的にもこれを整えた。これらの官職の創設時期ははっきりしないが、一説では三一八年、別説では三二六年のことである。また遅くとも同じ三二五年までには、機動軍はコミタテンセスと呼ばれて、辺境に置かれた軍とは区別されるようになった。辺境防衛軍は、リペンセス、後にリミタネイとも呼ばれるようになる。後者の単語が史料に現れるのは三六三年以後である。

こうして、コンスタンティヌス帝の治世には、機動軍と辺境防衛軍からなる後期ローマ帝国の軍事制度が確立したのであった。

なお、ゾシモス(『新しい歴史』第二巻三四)によれば、コンスタンティヌス帝は機動軍を強化するために、ディオクレティアヌス帝が国境防衛のために配備した軍を引き抜いたとまでされている。ゾシモスは、先に引用したディオクレティアヌス帝が国境防衛に意を注いだとする一文に続けて、「コンスタンティヌス帝は、辺境地帯から大部分の兵士たちを引き上げて、〔ディオクレティアヌス帝のもたらした〕あの安全さを台無しにし、助けの必要ない諸都市に彼らを駐屯させた。こうして、蛮族の被害を受けている人々からは支援が取り除かれ、戦争に縁がなかった諸都市に兵士たちの災厄をもたらしたのである。このため、多くの都市がいまや荒廃し、軍は見世物や贅沢に浸って柔弱になった」と述べるのである。

このゾシモスの記述は、ディオクレティアヌスとコンスタンティヌスの軍事政策を対照的に捉える説の有力な根拠となったものであるが、キリスト教を嫌ったゾシモスのコンスタンティヌス帝への敵意からの曲筆は明らかであり、また事実としてもコンスタンティヌス帝が辺境防衛の兵士たちを多数引き抜いたことは確認できない。むしろコンスタンティヌス帝は、ディオクレティアヌス帝の後を受けて、ライン川、ドナウ川流域の防衛体制の一層の強化を図ったことが知られている。

第四章　イメージと実態のギャップ
——後期ローマ帝国の軍隊

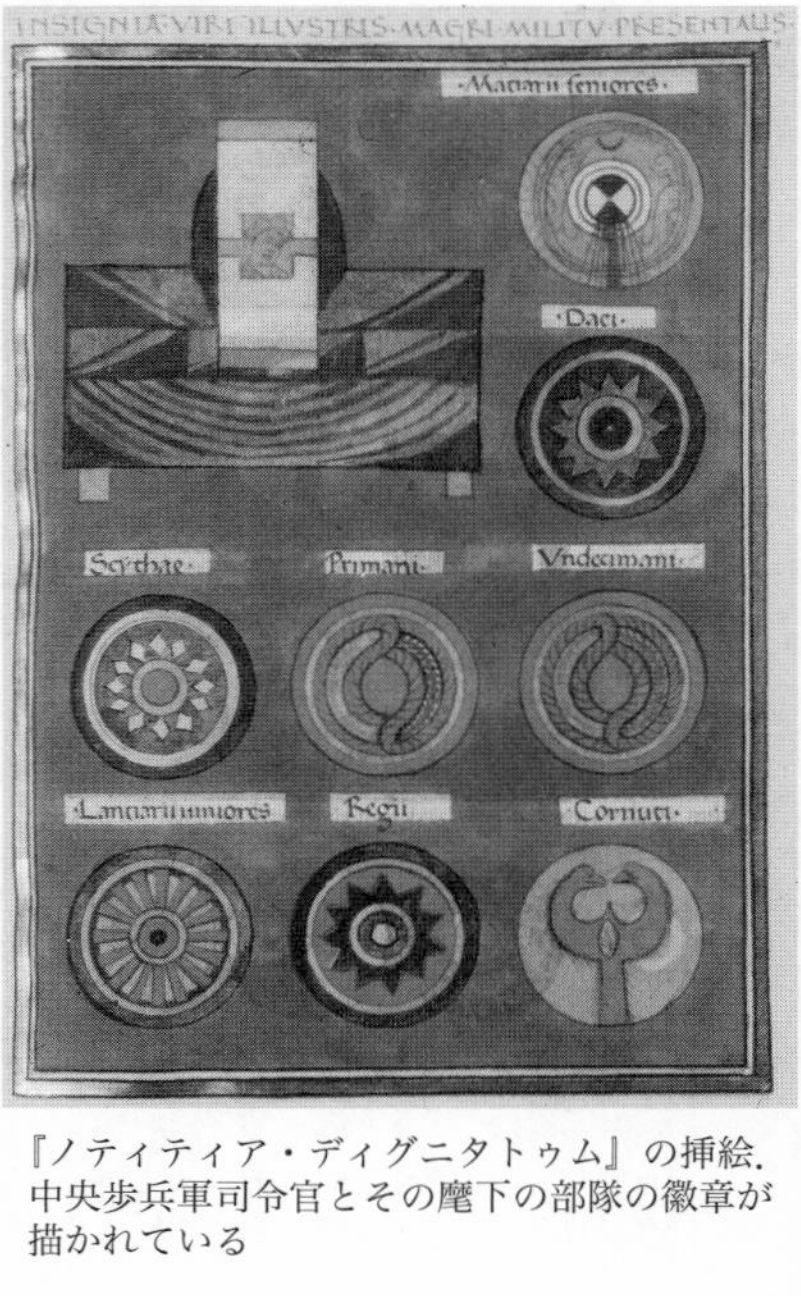

『ノティティア・ディグニタトゥム』の挿絵．中央歩兵軍司令官とその麾下の部隊の徽章が描かれている

ローマ軍の完成形態

コンスタンティヌス帝が三三七年に死去した後、帝国はその三人の息子、コンスタンティヌス二世(在位三三七〜三四〇年)、コンスタンティウス二世(在位三三七〜三六一年)、コンスタンス(在位三三七〜三五〇年)が分担して統治した。コンスタンティヌス二世は、ブリタンニアとガリア、ヒスパニアを、コンスタンティウス二世は東方を、コンスタンスはイタリアとアフリカ、イリュリクムを担当した。そして、それぞれが機動軍を持っていた。コンスタンティヌス二世とコンスタンスは早くに姿を消すが、彼らの率いていた機動軍自体は、ガリア方面軍やイリュリクム方面軍などの各方面機動軍として残った。こうして四世紀半ば頃からは、機動軍は皇帝の麾下のみならず、地方にも配されて、辺境防衛軍と協力して帝国を守るようになった。これがいわばローマ軍の完成形態である。

本章では、三三七年に始まるコンスタンティヌス帝の息子たちの時代から三七八年のアドリアノープルの戦いに至るまでの時期のローマ軍の姿を、「ローマの平和」の時代のそれと比較しながら見ていきたい。

『ノティティア・ディグニタトゥム』

この時期のローマ軍の組織を知るには、『ノティティア・ディグニタトゥム』が参考になる（本章扉）。

この史料については、前章でも幾度か言及していたが、要するにローマ帝国の文武官の一覧である。一覧は、大きく東ローマと西ローマの部分に分けられており、また武官についてはその指揮下に置かれた部隊が記録されている。作成年代は四世紀末であるが、西ローマの部分には四三〇年頃まで改訂された形跡がある。したがって、『ノティティア・ディグニタトゥム』に伝えられている軍の組織は、本章で扱う時期よりも後代のものということになる。しかし、組織の根幹の部分での違いは認められず、また後期ローマ帝国軍の組織をこれほど体系的に伝えている史料は他にないので、まずはこの史料に伝えられたローマ軍の組織を紹介しておこう。

『ノティティア・ディグニタトゥム』によれば、軍は、マギステルとコメス、そしてドゥクスの肩書をもつ軍人によって率いられていた。マギステルが率いたのが機動軍であり、辺境防衛軍はドゥクスの下に置かれていた。コメスは、東方では辺境防衛軍を、西方では辺境防衛軍と機動軍の双方を率いた。

東ローマの軍

東ローマの機動軍は、全体で五つあり、そのうち二つは皇帝の下にあり、残りの三つは地方に置かれていた。地方の機動軍は、オリエンス(東方)、イリュリクム、トラキアの各地方に配備されていた。このうちオリエンスとイリュリクムの機動軍は、コンスタンティウス二世の時代に、トラキア地方の機動軍は遅れて三七〇年代に編制された。

皇帝麾下の機動軍は中央軍司令官(マギステル・ミリトゥム・プラエセンタリス、直訳では「御前の軍司令官」)が、地方の機動軍はそれぞれの方面軍司令官、すなわちオリエンス方面軍司令官(マギステル・ミリトゥム・ペル・オリエンテム)、イリュリクム方面軍司令官(マギステル・ミリトゥム・ペル・イリュリクム)、トラキア方面軍司令官(マギステル・ミリトゥム・ペル・トラキアス)が率いた。これらの軍司令官は全て皇帝に直属した。

機動軍は、皇帝のそれも、地方のそれも複数の種類の部隊から編制されていた。皇帝麾下の機動軍の一つは、ウェクシラティオ一二部隊と軍団六個、アウクシリア・パラティナ一八部隊から、もう一つの機動軍は、ウェクシラティオ一二部隊と軍団六個、アウクシリア・パラティナ一七部隊、そして準機動軍(プセウドコミタテンセス)一部隊から成っていた。また、オリエンス方面軍を構成したのは、ウェクシラティオ一〇部隊、軍団九個、アウクシリア・パラティナ二部隊、準機動軍が一一部隊であった。

ウェクシラティオは、機動軍に所属する騎兵部隊の呼び名である。この言葉は、本来は軍団の分遣隊を指していたが、コンスタンティヌス帝の時代には騎兵部隊を意味する言葉に変わっていた。ウェクシラティオには、エクイテス、コミテス、クネウスの種類があった。エクイテスは、ガリエヌス帝の機動軍に所属していた部隊に由来し、コミテスとクネウスはおそらくコンスタンティヌス帝の時代に編制された新部隊と思われる。これらの騎兵部隊は、名称は異なるが、実質的な違いはなかった。

一方、この時期の軍団は、歩兵からのみ成っていた。これは三世紀半ば以降、軍団に含まれていた騎兵が引き抜かれて、エクイテスなどの騎兵部隊を編制するようになっていったからである。

アウクシリア・パラティィナ(宮廷補助軍)は、前章で述べたように、ゲルマン民族を中心とする異民族から主に編制された歩兵部隊である。そのため、部隊名には、ヘルリやサリイなどの徴募されたもとの部族の名がしばしばそのまま利用された。アウクシリア(補助軍)と呼ばれてはいるが、エリート部隊であった。

準機動軍は、もともと辺境防衛軍に属した部隊が機動軍に組み入れられたものである。

機動軍の規模は、これを構成した個々の部隊の規模によるが、研究者によって推定は異なる。本書ではA・H・M・ジョーンズによる推定に従う。注目すべきは、軍団の規模で、機動軍所属の軍団の規模は、一〇〇〇人ほどであったとされている。これは前期ローマ帝国の軍団の五分の一の規模である。軍団の規模が縮小したのは、三世紀後半に軍団を分遣隊として利用することが進んだ結果がそのまま追認されたためであろう。ただし、すべての軍団が小規模化したわけではなく、ジョーンズは辺境防衛軍の軍団は三〇〇〇人規模であったとみている。軍団以外の諸部隊は、すべて一部隊五〇〇人規模とされている。

このジョーンズの挙げる数に基づいて計算すれば、東方の機動軍は、皇帝麾下のものは各二万一〇〇〇人、オリエンス方面軍は二万五〇〇〇人であり、その他の地方の機動軍を合わせて、全体で一〇万四〇〇〇人の規模となる。

辺境防衛軍は、コメス、あるいはドゥクスの称号を持つ軍司令官の下に置かれた。官位はコメスのほうが上である。東方には、コメスは二名(エジプトとイサウリア)、ドゥクスは一三名(リビア、テーバイ、フォエニキア、シリア、パラエスティナ、オスロエネ、メソポタミア、アラビア、アルメニア、スキュティア、第二モエシア、第一モエシア、ダキア・リペンシス)いた。『ノティティア・ディグニタトゥム』によれば、コメスもドゥクスも皇帝に直属していたように書かれているが、実際には遅くともウァレンティニアヌス一世の治世(在位三六四〜三七五年)には、それぞれの地方の方面軍の指揮下に入っていたようである。

コメス、ないしドゥクスに率いられた辺境防衛軍もまた複数の部隊から編制されていた。エジプトのコメスの下には、軍団が四個、エクイテスが二部隊、アラが一六部隊、コホルスが九部隊あり、パラエスティナのドゥクスは軍団を一個、エクイテスを一二部隊、アラを六部隊、コホルスを一一部隊率いていた。

アラとコホルスは、前期ローマ帝国の時代から存在していた補助軍部隊の名称であり、アラは騎兵部隊、コホルスは歩兵部隊である。アラとコホルスの規模も、ジョーンズは一部隊五〇〇人規模と推定している。これに従うと、エジプトのコメスの兵力は二万五五〇〇、パラエスティナのドゥクスのそれは一万七五〇〇、東方の辺境防衛軍全体では二四万八〇〇〇となる。

西ローマの軍

西ローマの軍は、東ローマの軍とは異なって、機動軍も辺境防衛軍も、その全てが皇帝麾下の中央歩兵軍司令官(マギステル・ペディトゥム・プラエセンタリス)の指揮下に置かれていた。この体制は、四世紀末に中央歩兵軍司令官として西ローマの専権を握ったスティリコ(次章参照)によって構築されたものであり、本章が扱う時期においては、東方と同様、機動軍と辺境防衛軍の司令官は共に皇帝に直属しており、後に辺境防衛軍の司令官は地方の機動軍司令官の指揮下に移された。

中央歩兵軍司令官は、イタリアにあって、軍団一二個、アウクシリア・パラティナ六五部隊、準機動軍一八部隊（総計五万三五〇〇人）に加えて、中央騎兵軍司令官（マギステル・エクイトゥム・プラエセンタリス）もその指揮下に置いていた。中央騎兵軍司令官の下には、騎兵部隊が三二部隊（二万六〇〇〇騎）あった。このように中央歩兵軍司令官麾下の機動軍は、東ローマの中央のそれが歩兵と騎兵の混成軍として二個存在していたのとは異なり、歩兵部隊のみからなる機動軍と騎兵部隊のみからなる機動軍の二つに分かれていたのである。コンスタンティヌス帝以来の形を保っていたのであろう。

地方の機動軍は、ガリア、（西）イリュリクム、ヒスパニア、ティンギタニア、ブリタンニア、アフリカに置かれていた。このうちガリアの機動軍が最大の規模を誇り（歩兵二万五〇〇〇人、騎兵三五〇〇騎）、ガリア方面騎兵軍司令官（マギステル・エクイトゥム・ガリアルム）によって率いられた。騎兵軍司令官との肩書であるが、騎兵のみならず、歩兵もその麾下に置いていたのである。他の機動軍の司令官の肩書は、マギステルではなく、コメスであったが、これはその機動軍の規模が小さかったためであろう。西方の機動軍の総兵力は、総計で一一万三〇〇〇である。

辺境防衛軍の司令官としては、一二人のドゥクス（マウレタニア・カエサリエンシス、トリポニタニア、第二パンノニア、セクアニカ、アルモリカ、ウァレリア・リペンシス、第一パンノニアとノリクム・リペンシス、第一と第二ラエティア、第二ベルギカ、第一ゲルマニア、ブリタンニア、モゴンティアケンシス)がいた。ブリテン島のサクソン海岸の司令官はコメスの肩書を持ったが、指揮下に置かれていたのは辺境防衛軍であった。西方の辺境防衛軍の兵力は、総計で一三万五〇〇〇人である。

深層防御体制の確立

第二章で紹介したように、アメリカの国際政治学者ルトワックは、このような機動軍と辺境防衛軍から成る後期ローマ帝国軍がとった防衛体制を「深層防御(defense in depth)」体制と呼んだ。

深層防御体制は、三世紀半ば以後、敵が国境の防衛線を突破して、帝国内地に深く侵入してくることを前提とし、強化された防衛線で敵の侵入を阻みつつ、これが突破された場合は、内地に配された機動軍で打ち破るというものであった。実際には、ローマ軍がこのような防衛体制を確立するために、マルクス・アウレリウス帝治世以後、変化してきたとは思われない。例えば、コンスタンティヌス帝の機動軍の強化は、第一義的には防衛戦略のためではなく、明らかに自身の皇帝権力の維持のためであったし、コンスタンティウス二世の時代に地方の機動軍が出現したのも、兄弟と帝国を分担統治した結果、各自が機動軍を有し、その機動軍が地方の機動軍として残ったにすぎなかった。しかし結果的に、コンスタンティヌス帝治世以後のローマ帝国が、機動軍と辺境防衛軍による二段構えの深層防衛体制をとるようになっていたことは事実である。

また、この時期の帝国の「大戦略」の主眼が攻撃から防衛へと移っていたことも疑いない。ある研究者が数えたところ、アンミアヌス・マルケリヌスの『ローマ帝政の歴史』は、三五四年から三七八年の間にライン・ドナウ川流域で行われたゲルマン民族との二六回の戦争を記録しているが、このうちローマ側が攻勢を仕掛けたのは六回にすぎないという。残りの二〇回は、完全な防衛戦争だった。さらに言えば、ローマ側の攻勢とされる六回のうち、二回のみが純然たるローマ側の攻撃姿勢によるもので、四回は敵の攻撃を予防する、ないし報復のために行われた戦争であったのである。

歴史家アンミアヌス・マルケリヌス

ところで、『ローマ帝政の歴史』の著者アンミアヌス・マルケリヌス(三三〇年頃〜三九〇年頃)については、これからもたびたびその名を挙げるので、ここで簡単に紹介しておこう。

アンミアヌスは、古代ローマ最後の、そしてタキトゥスと並ぶ優れた歴史家である。その史書は、五賢帝最初のネルウァ帝の治世から自身の生きた四世紀後半のアドリアノープルの戦いまでの時期を扱っていたが、残念ながら、『ローマ帝政の歴史』は、三五三年以後の著者の同時代史の部分以外は失われている。

アンミアヌスは、ローマ帝国東部の出身で、コンスタンティウス二世の時代にプロテクトル・ドメスティクス（後述）として軍に入り、ユリアヌス帝（在位三六一～三六三年）にも仕え、同帝の行ったペルシア遠征に参加した。ユリアヌス帝の死後、退役し、ローマ市に移って、その史書を母語のギリシア語ではなく、ラテン語で書いたとされている。『ローマ帝国衰亡史』の著者エドワード・ギボンは、アンミアヌスを「ややもすれば同時代人の見解が陥る偏見や感情により歪曲されることなく、著者自身の同時代史をもっとも正確かつ誠実な筆をもって伝えてくれている」（中野好夫訳）と高く評した。現在の研究では、アンミアヌスの公平さについては疑問が呈されているが、四世紀後半のローマ帝国について最も詳細な記録であることは間違いない。

辺境防衛軍

防衛の第一段階を担ったのは辺境防衛軍であるが、この軍はその名の通り、主に外敵に接する辺境の要塞や砦、監視塔などに配備されていた。一連の防衛施設は、西ローマの領域では、三世紀後半からウァレンティニアヌス一世の治世にかけて整備された。特にウァレンティニアヌス一世は、アンミアヌスによれば、ラエティア地方のその源流から北海に至るまでの「全ライン川」の防備を強化したとされている(『ローマ帝政の歴史』第二八巻二・一)。

ただし、整備の過程で、既存の要塞は小規模化した。平均して、前期ローマ帝国の要塞の四分の一か五分の一のサイズ(四〜五ヘクタール)になったとされている。これは防衛の効率と部隊の規模縮小に応じたものである。逆に、この小規模化した要塞を囲う城壁は高く(八〜一〇メートルほど)、厚く(平均三メートル)なった。城壁の周りには、堀が掘られ、城壁の四隅とその中間に塔が付けられた。城門も塔によって防衛が強化されただけでなく、その数も一つ、ないし二つに減らされた(図4-1)。新たに建造された要塞も、そのサイズは小さく、一ヘクタールを超えることはほとんどなかった。

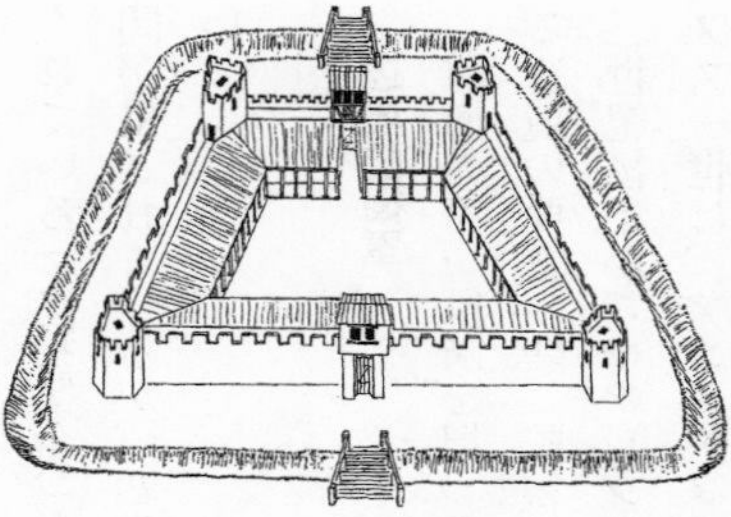

図4-1　ライン川沿いのアルトリップ(ドイツ，ラインラント＝プファルツ州)の要塞

四世紀には辺境の諸都市の防備も強化され、堀と城壁で囲まれるようになった。城壁の厚さは、要塞と同じく、平均して二〜三メートル、その高さも八〜一〇メートルあった。城壁には、これも要塞と同じく、U字に張り出した塔が付けられ、城門も塔で強化された(図4-2)。新たに城壁によって囲まれた市域は小さく、平均して一〇ヘクタールほどであった。前期ローマ

帝国時代から城壁を有していた都市もあったが、新たに強化された城壁で囲まれる市域は、防衛の効率のため大幅に縮小されるのが普通であった。アウグストドゥヌム(現フランスのオータン)などは、かつては二〇〇ヘクタールの市域が城壁で囲われていたが、新たに建造された城壁はわずか一〇ヘクタールほどしか守っていなかった。

辺境防衛軍の任務は大きく三つあった。国境監視、情報収集、小規模な襲撃の撃退である。辺境防衛軍のおよそ六割が騎兵であり、機動軍における騎兵の割合の四割よりもかなり高かったが、この数字は、辺境防衛軍の任務を反映したものとみてよいだろう。騎兵は、パトロールや偵察、敵の追撃などに適していたからである。

図 4-2　後期ローマ帝国時代の城壁（スペイン，サラゴサ）

辺境防衛軍については、研究史上、その戦闘能力がしばしば疑問視されてきた。辺境防衛軍は、帝国によって土地を与えられた半農の屯田兵であって、専業の兵士ではなく、したがって、そうではない精鋭の機動軍の兵士に比して、戦闘能力が著しく劣っていたと考えられてきたのである。

辺境防衛軍の戦闘能力を計ることは難しいが、まず、半農の屯田兵であったとの説は、B・アイザックが関係史料を網羅的に検討して示したように、誤りである。また、ユリアヌス帝のペルシア遠征に際しては、オスロエネのドゥクスがその指揮下の辺境防衛軍を率いて従軍していたし、時に、辺境防衛軍は引き抜かれて、準機動軍部隊として機動軍に入れられていた。これらの点を勘案して、序章で挙げたニケイズやエルトンなどによる近年の研究は、辺境防衛軍の戦闘力を再評価する方向にある。

しかし、三七五年に出された法は、体格の良いものは機動軍に、劣るものは辺境防衛軍に入れるように定めており、また給与の点でも、これは五世紀後半のことではあるが、機動軍の兵士の給与は辺境防衛軍の兵士の倍近くあったと推定する研究もある。総じて、辺境防衛軍が機動軍よりも格下とみなされていたことは疑いない。また、三世紀半ばに機動軍が編制された際に、軍団の精鋭は機動軍に引き抜かれたであろうから、そもそも辺境に残されたのは二流の兵士たちであったであろう。さらに、ディオクレティアヌス帝の時代には、その弱体化した辺境の軍を強化すべく、一〇万の規模で兵力が増加させられたが、結果的には、二流の兵士が膨大な新兵を受け入れることで訓練が十分に行き届かなくなり、軍紀が乱れ、軍の質がいっそう低下した可能性が高い。

したがって、四世紀の辺境防衛軍は、おそらく小規模な敵の襲撃を撃退するのが関の山であり、大規模な敵の侵入があった場合には、これを正面から撃破することはできず、機動軍が現地に到着するまでの時間稼ぎのための軍であったと見てよいだろう。

戦う機動軍

対する機動軍は精兵であり、辺境防衛軍の守りを突破して内地に侵入した敵を迎撃することを目的としていた。そのため機動軍は、平時は防衛線そのものからは一歩引いた交通の要衝となる都市に宿営し、迅速に現地に急行できるようになっていた。

すなわち、東ローマの皇帝麾下の機動軍はコンスタンティノープルに、オリエンス方面軍はシリアのアンティオキアに、イリュリクム方面軍はシルミウムに、トラキア方面軍はマルキアノポリス（現ブルガリアのデヴニャ）に、一方、西ローマの皇帝麾下の機動軍はメディオラヌム（現ミラノ）やラヴェンナ、あるいはティキヌム（現パヴィア）など北イタリアの都市に、ガリア方面軍はアウグスタ・トレウェロルム（現ドイツのトリアー）に宿営していたのである。宿営先の都市では、兵士たちは、民家に分散宿泊した。

三五〇年代半ばには、ガリア地方はゲルマン民族の一派アラマンニ人の深刻な攻撃にさらされていたが、これに対応したのは副帝のユリアヌスやガリア方面騎兵軍司令官のマルケルス、その後任のセウェルスらによって率いられた機動軍であった。さらに、三五七年には、正帝コンスタンティウス二世の命を受けて、歩兵軍司令官のバルバティオに率いられた二万五〇〇〇人の機動軍もイタリアから来援した。そして、ユリアヌス帝はこの来援軍と共同でアラマンニ人に当たろうとした。しかし、これは上手くいかず、ユリアヌス帝は自身の手元にあった一万三〇〇〇の機動軍のみで、アラマンニ人の主力三万五〇〇〇人とアルゲントラトゥム(現フランスのストラスブール)近郊で戦うことになった。

両軍は、いずれも軍を大きく三つに分け、対峙した。ユリアヌス側は左翼に歩兵、中央に歩兵、右翼に騎兵を配した。騎兵が三〇〇〇、残りの一万が歩兵であったと推定されている。対するアラマンニ人たちも右翼と中央に歩兵、左翼に騎兵を並べ、歩兵は歩兵、騎兵は騎兵と向かい合った。

ユリアヌス軍の主力の中央には、先鋒としてアウクシリア・パラティナであるコルヌティ(角隊)とブラッキアティ(腕輪隊)が、その後ろにプリマニ(第一)軍団が構えた。軍団を背後に置き、まずはアウクシリア(補助軍)が戦うスタイルは、前期ローマ帝国時代と変わっていない。また後期ローマ帝国時代には騎兵の数は増したが、依然として軍の主力はあくまでも歩兵であり、騎兵は補助的な存在であった。軍団歩兵は、鎖帷子の鎧を纏い、兜をかぶり、楯を持った。楯は、大型で楕円形であった(高さ一~一・二メートル、幅〇・八メートル)。武器は投げ槍(二~二・五メートル)とスパタと呼ばれる長剣(〇・七~〇・九メートル)、その他の投げ矢などの飛び道具を持った(図4-3)。

一方、右翼騎兵は、かつての補助軍の武装に近いと言えるだろう。カタフラクタリイ(挂甲騎兵)とサギッタリイ(弓騎兵)などから成っていた。

カタフラクタリイは、槍を振るって戦う重装騎兵で、戦士のみならず、馬も鎖帷子でその身が守られていた（図4-4）。左翼歩兵は、ガリア方面騎兵軍司令官のセウェルスが指揮したが、含まれた部隊の種類などは不明である。

戦闘開始後間もなく、左翼歩兵は敵の伏兵を恐れて前進を躊躇し、また右翼騎兵は敗退しかけるが、いずれもユリアヌス帝の督戦で体勢を立て直した。中央のアウクシリア・パラティナの部隊は、バリトゥスと呼ばれる戦いの歌を歌いながら戦った。アンミアヌス・マルケリヌスによれば、この「鬨《とき》の歌」の「叫び声は決戦まさにたけなわのとき、ぼそぼそとした呟きから始まり、次第次第に大きくなって、岩打つ波さながらに高まりゆくもの」（『ローマ帝政の歴史』

図4-3　復元された後期ローマ帝国の軍団歩兵（後4世紀）

図4-4　ドゥラ・エウロポスの壁画に描かれた重装騎兵（後2～3世紀）

第一六巻一二・四三）であった。バリトゥスは、もともとゲルマン民族の習俗であり、タキトゥスは『ゲルマニア』第三章において「この歌の「斉唱」でもって――それを彼らは「バリートゥス」と呼ぶが――味方の士気を奮い立たせ、かつその歌いぶりでもって、来るべき戦いの運命を占う」と記している。構成員にゲルマン人の多かったアウクシリア・パラティナも、この習俗を取り入れていたのである。

アラマンニ人側も激しく攻めかかり、一部の集団は、アウクシリア・パラティナの戦列を突き崩し、プリマニ軍団にまで押し寄せた。プリマニ軍団は、この点もまたアンミアヌス・マルケリヌスによれば、「密集して隙のない列を成す兵が櫓を思わせる不動の堅固さでもって居並んでいた」とされ（第一六巻一二・四九）、アラマンニ人の集団はこの軍団の戦列に阻まれ、敗退した。戦いは、ユリアヌス側の大勝利に終わった。ローマ側の死者が二四三名であったのに対して、アラマンニ人側の損失は六〇〇〇を優に超えたとされる。

「主権者」としての機動軍

このように機動軍は、第一義的には戦闘部隊であったが、政治的には、皇帝の選出や承認のための機関ともなっていた。

「ローマの平和」の時代においても、軍は皇帝の選出にしばしば決定的な役割を果たしていたが、しかし当時は元老院の意向も無視しえないものがあった。少なくとも皇帝の即位には、その承認が必要とされていた。しかし、四世紀の歴史家アウレリウス・ウィクトルが伝えるところでは、軍人皇帝プロブス(在位二七六〜二八二年)の死後、軍の力が強くなり、元老院は皇帝選出に関わる力を失ったという。事実、このウィクトルの言葉通り、四世紀以後は、元老院が皇帝選出に関与することはなくなる。

三六三年にユリアヌス帝がペルシア遠征中に戦死し、コンスタンティヌス朝が絶えた時には、ユリアヌス帝の機動軍は、プロテクトル・ドメスティクス部隊の将校(プリミケリウス・ドメスティコルム)であったヨウィアヌスを皇帝に選出し、ヨウィアヌスが死去すると、また機動軍内で話し合いがもたれ、最終的に、楯兵第二部隊長(トリブヌス・スコラエ・セクンダエ・スクタリオルム)であったウァレンティニアヌス一世が皇帝とされたのである。一連の皇帝選出の過程に元老院の意向は働いていない。

同時期には、皇帝が同僚皇帝を指名することもよく行われたが、同僚皇帝の地位の承認ももっぱら機動軍に求められた。

コンスタンティウス二世は、三五五年にユリアヌスを副帝に取り立てたが、アンミアヌスの『ローマ帝政の歴史』(第一五巻八・四〜一五)によれば、その際には「予め告知しておいた日に居合わせた同胞兵士全員を召集し、壇を設けさせて高めの演壇となし、その周囲を鷲印と軍団印が取り囲む中、正帝〔コンスタンティウス二世〕が壇上に立って、彼〔ユリアヌス〕の右手を取り、穏やかな話しぶりで」、兵士たちにユリアヌスを副帝にすることについて同意を求め、肯定的な意思が示されると、「すぐさまユリアヌスに父祖伝来の紫衣を着せ」た、とされている。そして、兵士たちは、最後には「全員が恐ろしい響きを立てて楯を膝に打ちつけた」が、これは「好感をもって受け止めていることの十全なしるし」なのであった。アンミアヌスは別の個所では、楯を槍で打つのが賛同の意味としているため、この個所の解釈には諸説あるが、いずれにしても賛同を示すために武器を打つのも、ゲルマン民族の習俗である。

さらに三六七年には、ウァレンティニアヌス一世は息子のグラティアヌスをアンビアヌム（現フランスのアミアン）で同僚皇帝としたが、この時もやはり軍の前で承認が求められた。ビザンツ史家の渡辺金一は、この情景を伝えるアンミアヌスの記述について、ウァレンティニアヌス一世は「共同皇帝のポストを「共同の軍事奉仕」（commilitium）、つまり、自分が兵士たちといっしょにおこなう軍事奉仕とよぶとともに、兵士たちをあたかも主権者のごとくにみなした言葉、vestrae maiestatis voluntas（文字どおり訳せば、「陛下の御意志」。たとえば、フランスの大統領が日本の天皇に、迎賓館のレセプションにおけるテーブル・スピーチでよびかけるときの言葉、votre majesté impériale を思えばよい）でよびかけているのである」（『コンスタンティノープル千年――革命劇場』七三頁）とコメントした。

簒奪者を産む機動軍

機動軍は、正統な皇帝を選出、承認しただけではなく、時に簒奪者を産み出した。コンスタンティウス二世は、その治世においてマグネンティウス、ネポティアヌス、ウェトラニオ、シルウァヌス、ユリアヌスと五人の簒奪者の挑戦を受けたが、ローマ市で擁立されたネポティアヌス以外の四名はみな機動軍の支持によって皇帝を称していたのである。

マグネンティウスは、三五〇年に皇帝となって、コンスタンティウス二世の西方における共同統治者であったコンスタンス帝を倒したが、マグネンティウスを擁立したのは、皇帝の機動軍所属のヨウィアニ軍団とヘルクリアニ軍団だった。ウェトラニオの簒奪は、マグネンティウスの簒奪を受けて連鎖的に起こったものであるが、ウェトラニオは、当時、イリュリクム方面軍司令官であり、やはり機動軍をその支持基盤としていた。シルウァヌスは、ガリアにおいて歩兵軍司令官の立場で機動軍を指揮していた時に、コロニア・アグリッピナ(現ケルン)で皇帝を僭称している。

そして、最後のユリアヌスは、三六〇年にルテティア・パリシオルム(現パリ)において、コンスタンティウス二世の許可なく、副帝から正帝となったが、ユリアヌスにこれを強いたとされるのも、機動軍であった。きっかけとなったのは、コンスタンティウス二世がペルシア戦線強化のため、ユリアヌス帝麾下のアウクシリア・パラティナであるヘルリ、バタウィ、ケルタエ、ペトゥランテスの四つの部隊とその他の各部隊から精兵三〇〇を選抜して東方に送るように命じたことであった。そして、東方への移動を不満に感じていた部隊がユリアヌスを正帝に推戴したのだった。兵士たちは、ユリアヌスを楯の上に載せて正帝就任を祝ったが、これもまたゲルマン民族の習俗である。

一方で、辺境防衛軍が簒奪者を担ぎ出した事例は認められない。彼らは防衛線に沿って分散されていたため、集団としての意思が働きにくく、またエリート部隊ではなかったため、国家の大事に関与する状況も、意気込みもなかったのであろう。

激化する内乱

簒奪者の出現は、多くの場合、正統な皇帝との軍事衝突に至る。そして、この軍事衝突は、四世紀には大規模になる傾向があった。

当時の帝国は、ほぼ恒常的に東西で分担統治されており、かつ簒奪は、ウァレンス帝時代のプロコピウスの反乱(三六五～三六六年)の一例を除いて、残りのすべてが西ローマの地域で起こった。前述のコンスタンティヌス二世治世の簒奪者も全て西ローマの地域で現れた者たちであった。そのため、簒奪者との戦いは、東西の機動軍の対決の形をとるようになった。

加えて、機動軍対機動軍の戦いは、ゲルマン民族のような無秩序な外敵との戦いとは異なり、装備と訓練が比較的行き届いた、レベルを同じくするローマ軍どうしの戦いであるため、兵力が多いほうが有利になる。したがって、内乱に際しては、異民族の傭兵をも雇い入れるなどして、双方が兵力の増強をできる限り図ることになる。必然的に、投入兵力は、機動軍プラスアルファとなり、戦闘は大規模化するのである。

簒奪者マグネンティウスとコンスタンティウス二世との戦いは、まさにこの典型的な事例である。両者の決戦は、三五一年の九月二八日にムルサ（現クロアチアのオシエク）で行われた。ビザンツ時代の歴史家ゾナラス（『歴史要略』第一三巻八）によれば、この時のマグネンティウスの兵力は、三万六〇〇〇、対するコンスタンティウス二世は八万であった。マグネンティウスの側には、フランク人とサクソン人が、コンスタンティウス二世の側にはゴート人の兵力も付き従っていた。戦いはコンスタンティウス二世の勝利で終わったが、コンスタンティウス二世の側は三万、敗れたマグネンティウスの側は二万四〇〇〇の兵力を失ったとされている。同時代の歴史家のエウトロピウスも「この戦いでローマ帝国の莫大な兵力が消耗された」（『首都創建以来の略史』第一〇巻一二）と伝えている。

困難になる兵員確保と「蛮族化」

以上のように、この時期のローマ軍は、それぞれ性格の異なる機動軍と辺境防衛軍に大きく分かれ、その兵員も六〇万を数えるに至っていた。しかし、一方で、二世紀の「アントニヌスの疫病」やその後に続いた三世紀の動乱によって人口が減少し、さらには戦争の慢性化が兵士になる魅力を減じたことで、帝国は増大した兵員の確保に苦しむようになっていた。エルトンの試算では、帝国の兵員が六〇万とした場合、年三万の新兵が必要であった。

このためディオクレティアヌス帝以後は、退役兵の子は兵士になるように義務づけられた。例えば、トゥールの司教を務めた聖マルティヌスは、三一六年にパンノニアのサバリア(現ハンガリー西部のソンバトヘイ)で生まれたが、父親が軍人であったため、不本意ながら、一五歳の時にコンスタンティウス二世の騎兵部隊(おそらくスコラエ・パラティナエ)に入れられている。なお、マルティヌスは、続くユリアヌス帝の時代にも軍務に就いていたが、同帝に願い出て、わずか五年で除隊している。

徴兵も毎年、行われるようになっていた。徴兵は、税として地主に課され、彼らは所有する土地の面積に応じて一定数の兵士を供出する義務を負った。実際の兵士を供出する代わりに、新兵税という形で、金納に代えることも可能であった。徴兵ははなはだ不人気で、親指を切り落として、これを回避する者もあった。徴兵回避のための自傷行為は法で禁じられ、ウァレンティニアヌス一世などは、違反者に対して火あぶりの刑で臨んだ。同帝はまた、入隊に際して兵士に要求される身長の基準を一七二センチメートルから一六四センチメートルに引き下げたことでも知られている。

逃亡兵も後を絶たなかった。逃亡防止のために、軍に入る際には、刺青が入れられるようになった。三六五年に出された法では、逃亡兵をかくまった者には、厳罰が科され、それが一般市民であれば鉱山労働に送られ、特権階級の者であれば財産の半分が没収された。三七九年の法では、いっそう厳罰化が進み、逃亡兵をかくまった地所の管理者は火あぶりになった。翌年には、地所の没収が罰則に加えられ、対して逃亡者を引き渡した奴隷には、自由身分が与えられることになった。

一方で、入隊者への優遇措置も同時に図られた。三七〇年には、兵士本人は地租と人頭税を免除され、五年の勤務の後は、さらにその妻も免除対象となったのである。免除対象の範囲は三七五年にはその両親にまで拡大された。

なお、兵士の給与としては現金と共に、パン、肉、オリーブ油、ワインといった食料などの現物、さらに皇帝の即位やコンスル就任などに際しては下賜金が与えられ、特に下賜金はコンスタンティヌス帝の治世以後は金貨で支払われたので重要な収入となっていたが、前期に比べてトータルとしての給与が増額されたわけではなかった。それどころか、後期ローマ帝国における貨幣価値の低下から、実質では前期に比べて八割も減少していたとされている。世襲と徴兵、さらに優遇措置までもが講じられたにもかかわらず、それでもローマ市民から十分な兵員を得ることは困難であったようで、ローマ帝国は、特にコンスタンティヌス帝の治世以後は、その兵力をゲルマン民族を中心とする帝国外の異民族に頼るようになっていた。

帝国外の異民族の中には、自らの活路を求めて個々にローマ軍に志願してくる者もあったし、戦争の結果、降伏して軍に入れられる者もあった。また服属部族には兵士の供出がしばしば義務付けられたが、よりシステマティックに、捕虜とした異民族を帝国内に土地を与えて住まわせ、兵役の義務を負わせる方法もあった。このような状況に置かれた異民族はラエティ、ゲンティレスなどと呼ばれた。

通説では、このようにして帝国外の異民族が積極的に取り入れられた結果、ローマ軍は大部分が「蛮族化」したとされ、その象徴として、先に言及したコンスタンティウス二世時代の簒奪者マグネンティウスとシルウァヌス、時代は下るがメロバウデス、スティリコといったゲルマン民族の血を引く将軍の出現が引き合いに出されてきた。しかし、近年の研究によれば、異民族の比率が高かったとされる機動軍所属のアウクシリア・パラティナとスコラエ・パラティナエの場合でも、前者で四一パーセント、後者で二五パーセントにすぎなかったことが分かっている。したがって通説が言うほどは、軍は「蛮族化」していなかったのであるが、しかし、一方で辺境防衛軍の兵士のほとんどがローマ人であったことも明らかにされており、この点を勘案すると、機動軍の「蛮族化」は相当に進んでいたとも評価できるだろう。

機動軍に異民族が多かったのは、アウクシリア・パラティナやスコラエ・パラティナエのように異民族部隊にその起源を遡る部隊が多かったことに加えて、ローマ人は、機動軍に入って郷里から引き離されることを望まなかったからである。

エジプトから出土したアビナエウス文書と称される一群のパピルス文書（後述）には、部隊の司令官フラウィウス・アビナエウスに、ある人物が自身の甥の徴兵免除を求めた手紙が含まれていた。この手紙によれば、徴兵される甥は、兵士の子ではあるが、寡婦となっている母親がその息子なしには生きてはいけないので、兵役を免除してもらいたい、もし無理な場合でも、外に連れて行かれる機動軍に入れるのはせめてやめてもらいたいとの切実な訴えが書かれていた。これに対して、そもそも故国を離れて自発的に軍に入ってきた異民族にとっては、機動軍に入って各地を転戦することはそれほど苦ではなかったのであろう。機動軍の兵士は、その分、出世も早かったし、それが彼らの望むところであった。マギステルやコメスなどの軍高官に異民族の出身者が明らかに多かったのは、機動軍における異民族の比率がそのまま反映された結果であろう。

「蛮族化」が問題視されてきたのは、これによって軍の忠誠心や戦闘能力が低下したと考えられてきたからである。しかし、正規軍に取り入れられた異民族は一旦ローマ軍に入ったならば、ローマ帝国の軍人としての訓練を受けて、ローマ市民出身の兵士と何ら変わらぬ存在となっていた。ローマ軍に入った異民族が出身部族と連携を取って軍を裏切ったような事例はほとんどなく、その戦闘能力を疑問視する声も史料に残されていない。前述のようにアルゲントラトゥムの戦いでは、ゲルマン民族兵の比率の高かったアウクシリア・パラティィナが先鋒として、同じゲルマン民族のアラマンニ人と躊躇なく戦っていたのである。

軍政と民政の分離

徴兵されたにせよ、志願したにせよ、軍に入った者たちは、どのような生涯を送ったのであろうか。第二章と同じく、兵士のキャリアを辿ることで、この点を見ていこう。

四世紀のローマ軍兵士のあり方を考える際に、大前提として考慮に入れておかなければならないのは、軍政と民政が分離していたということである。

「ローマの平和」の時代には、軍政と民政は未分離であった。属州総督は、その両方の責任者であり、平時には主に裁判をはじめとする民政業務に携わり、戦時には属州駐屯軍の総司令官として軍を指揮していた。兵士たちが属州総督の下僚として働いていたのは、総督が軍の司令官でもあったからである。

ところが、前章で述べたように、ディオクレティアヌス帝は属州総督から軍の指揮権を取り上げ、彼らを文官化し、さらにコンスタンティヌス帝は、管区長官と近衛長官にも同様の処置を行って、地方行政組織における軍政と民政の分離を貫徹させた。その結果、自動的に彼らの下で働く下僚たちもまた、派遣されてきた兵士たちではなくなり、文官となった。面白いことに、後期ローマ帝国では、文官でも軍服を着ており、その仕事はミリティア（軍務）と呼ばれたが、それは彼らの就いていた仕事がもともと兵士が担っていたことの名残なのであった。

近衛長官以下の文官化は、兵士たちの側から見るならば、インムネスやプリンキパレスとして就いていた文官業務の多くが失われたことを意味する。さらに四世紀には戦争が慢性化したことで、兵士たちは専業戦士としての性格を強く帯びるようになっていた。例えば、ディオクレティアヌス帝時代に生きたアウレリウス・ガイウスという兵士は、その生涯において、東はメソポタミアから西はゲルマニア、南はエジプト南部から北はドナウ川北方まで、少なくとも二三の地域と四つの都市を訪れ、そして五度、帝国領土外へと遠征したことが碑文から判明している。

専業戦士としてのキャリア

新兵は、行軍や遊泳、武器の扱いなどの基本的な訓練を受けると、各部隊に配属された。四世紀においては、旧来の軍団やアラ、コホルスに加えて、新たに編制された機動軍のアウクシリア・パラティナやウェクシラティオなどの諸部隊が併存していたが、旧部隊と新部隊では、兵士の就く役職は異なっていた。旧部隊では伝統的役職が維持されていたとされている。ただし、軍政と民政の分離に伴って、一定の変化は生じたと思われるが、その詳細は明らかではない。

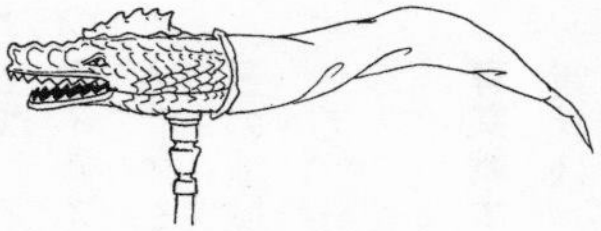

図4-5　復元されたドラコナリウスの竜旗

一方、新部隊の役職には、下からビアルクス(糧秣担当兵)、キルキトル(警備兵)、ケンテナリウス(百人隊長)、ドゥケナリウス(二百人隊長)、セナトル(元老院議員の意味であるが、そう呼ばれている理由も職務も不明)、プリミケリウス(部隊管理兵)があったことを、聖ヒエロニムス(三四七?～四二〇年)がある書簡の中で伝えている。これらの他にも、ドラコナリウス(竜旗持ち)やカンピドクトル(教練兵)などの役職があった(図4-5)。役職名からも明らかなように、総督府で文官業務に就く者もいなくなっており、「ローマの平和」の時代とは異なり、兵士はいわば専業戦士化し、その結果、隊員の多くが部隊を離れているという事態はなくなっていたであろう。

兵士たちがさらなる出世を目指す場合は、部隊内の役職を離れて、プロテクトルにならなければならなかったが、それはかなり困難な道であった。

プロテクトルには、プロテクトル・ドメスティクス（家内のプロテクトル）とドメスティクスではない普通のプロテクトルの二つの種類があった。前者は皇帝の下にあり、一部隊を編制していた。その数はユリアヌス帝が削減して以後は、二〇〇人であった。後者の普通のプロテクトルは、機動軍の司令官マギステルの下に分属した。その数ははっきりしないが、一人のマギステルに五〇〇人付いたとしても、東西合わせてマギステルは八人なので、プロテクトルは合わせて四〇〇〇人である。これに対して、当時のローマ軍は、機動軍と辺境防衛軍を合わせて六〇万に及んだので、プロテクトルになれたのは、一五〇人に一人ほどであった。

そのうえ、プロテクトルには、軍高官の子弟は若くして優先的に入れた。ヨウィアヌス帝とウァレンス帝はそのような事例であり、前者はプロテクトル・ドメスティクス部隊の司令官の息子であり、遅くとも三〇歳までにはプロテクトル・ドメスティクスになっており、後者はブリテン島の機動軍の司令官（コメス）大グラティアヌスの息子で、やはり三〇代初めにはプロテクトル・ドメスティクスを務めていた。歴史家のアンミアヌス・マルケリヌスも、父親の名は定かではないが、二〇代前半で既にプロテクトル・ドメスティクスであったので、まず疑いなく軍高官の子弟であったのだろう。このように優遇されて入ってくる者もあったため、何のコネクションもない兵卒上がりの者にとってプロテクトルになるのは、いっそう難しかったのである。

したがって、兵士の多くは、部隊内の役職に長くとどまってそのキャリアを終えることになった。北イタリアの都市コロニア・ユリア・コンコルディア(ヴェネツィアの北東)の墓地からは、機動軍に属した兵士たちの墓碑が多数見つかっているが、それらからはビアルクスを二〇年務めた兵士や、ケンテナリウスを二二年務めた兵士、あるいは三五年間の軍務を果たして、カンピドクトルとして六〇歳で亡くなった兵士がいたことが知られている。

一方で、運よくプロテクトルになれたとしても、それには相当な時間がかかった。四世紀半ばのフラウィウス・メモリウスなる者は、普通のプロテクトルになるまでに、機動軍の軍団兵として二八年務めていたし、先述のアビナエウス文書を残したフラウィウス・アビナエウスは、三三年間、辺境防衛軍の騎兵として働いた後で、ようやくプロテクトル・ドメスティクスになったのである。四世紀においては、機動軍の兵士の場合は二〇年、辺境防衛軍の兵士であれば二四年の勤務によって、退役兵としての特権を与えられる名誉の除隊をすることができたので、普通のプロテクトルになる場合ですら、通常の兵役期間を相当に超えて、軍に務めなければならなかったことになる。

プロテクトルは、前章で言及したように、一種の幹部候補生であったので、その後はトリブヌス、プラエフェクトゥス、あるいはプラエポシトゥスと呼ばれる部隊長、さらには機動軍の司令官であるコメスやマギステルへと昇進していくことも可能であった。ちなみに、フラウィウス・メモリウスは、プロテクトルを六年務めた後、プラエフェクトゥスと機動軍の槍兵部隊の指揮官を経て、最後にはマウレタニア・ティンギタナのコメスとなり、フラウィウス・アビナエウスは、プロテクトル・ドメスティクスとしての三年間の勤務の後、エジプトに駐屯した辺境防衛軍のアラ部隊のプラエフェクトゥスとなっている。

このように長い時間はかかったが、一兵卒から機動軍の司令官に成りあがることが四世紀においては可能であったことは、軍団司令官にすらなることのできなかった「ローマの平和」の時代から状況が大きく変わっていたことを示している。先に言及したウァレンス帝は、父親の大グラティアヌスが軍高官であったため、優遇されてプロテクトルとなっていたが、その父親自身は、兵卒上がりで、長年の部隊勤務の後、おそらくプロテクトル・ドメスティクスを経て、ブリテン島の機動軍のコメスとなっていたのであった。

兵士と市民——辺境防衛軍の機能と機動軍がもたらす災厄

軍政と民政が分離し、特に機動軍所属の兵士は移動を前提としたため、軍全体が、この点も「ローマの平和」の時代とは違って、広範に帝国統治に関わり、市民社会と接することはなくなった。しかし、辺境防衛軍の兵士たちは、四世紀においても、依然として戦争や国境監視といった兵士本来の業務以外に携わっていた。

辺境防衛軍の業務についてその詳細を教えてくれるのが、やはりアビナエウス文書である。この文書は、一九世紀末にエジプトで古物商によって売りに出されていたもので、正確な出土地などは不明であるが、フラウィウス・アビナエウスがエジプト中部のファイユーム地方のディオニュシオス要塞に、辺境防衛軍のアラ部隊のプラエフェクトゥスとして駐留していた時に受け取った手紙や請願書などからなっている。アビナエウスは、コンスタンティウス二世治世の三四二年から三五一年にかけて、一時の離職期間を除いて、この役職にあった。

この文書によれば、アビナエウス指揮下の補助軍兵士は、要人の護衛や密輸入業者の摘発、帝室領における徴税、徴兵、軍用食料の徴発に当たっていた。要人の護衛以外の業務の責任主体は文官であるが、アビナエウスは文官からの要請を受けて、兵士たちを業務補助者として派遣していたのである。アビナエウスは、強盗被害者からその救済を求める請願もしばしば受け取っていたので、部下の兵士たちもその審理の場に立ち会うなどして司法業務に携わったことは疑いないだろう。

しかし、四世紀特有の兵士と市民社会との関わりを示すのは、辺境防衛軍ではなく、新たに出現した機動軍である。機動軍の最大の特徴は、辺境防衛軍と異なり、固定した駐屯地を持たず、移動先の都市の民家に分散して宿泊したことである。そして、宿泊先となった民家は、その三分の一の部屋を兵士に供出しなければならなかった。法的には、供出の対象は部屋のみであったが、実際には、兵士たちは食物や薪などの必要物資も家の主人に要求したので、民家にとって機動軍が移動してくることは、災厄以外の何物でもなかった。

『ローマ皇帝群像』に収められた「神君アウレリアヌスの生涯」(七・四)によれば、三世紀後半の軍人皇帝アウレリアヌスは、兵士の規律に厳しく、宿泊先の主人の妻と関係を持った兵士に残酷な刑罰を加え、また部下の将校には兵士の行動を厳しく取り締まるように命じて、宿泊先でもめ事を起こした兵士は鞭打つように指示している。この『ローマ皇帝群像』は、四世紀末に書かれたもので、アウレリアヌス帝に関する当該の記述も四世紀の事情を反映していると考えられる。

時代はさらに下るが、六世紀初頭にササン朝ペルシアとの戦争に際して、エデッサ(現トルコ南東部のシャンルウルファ)の町にローマ軍が冬季に宿営した時の惨状を、柱登行者ヨシュアの作とされるシリア語の年代記(八六)が伝えている。宿営軍は、敵と何ら変わらなかった。彼らは、多くの貧しい人をベッドから追い出し、床で寝させ、家から追い払われた者もあった。それでも宿営場所が足りず、宿営が法で禁じられている工房や聖職者の家にまで入り込んだ。家畜や衣服、備蓄が力ずくで奪われ、多くの者が路上で些細なことで暴力を振るわれ、女性も公衆の面前で被害に遭った。宿営軍は、老女や寡婦、貧者からもオリーブ油や薪、その他必要な物資を取り上げたのであり、貴族から庶民まで、彼らの害を被らなかった者はなかったという。

先に紹介したように、ゾシモスは、「コンスタンティヌス帝は、辺境地帯から大部分の兵士たちを引き上げて、〔ディオクレティアヌス帝のもたらした〕あの安全さを台無しにし、助けの必要ない諸都市に彼らを駐屯させた。こうして、蛮族の被害を受けている人々からは支援が取り除かれ、戦争に縁がなかった諸都市に兵士たちの災厄をもたらしたのである。このため、多くの都市がいまや荒廃し、軍は見世物や贅沢に浸って柔弱になった」と述べていた。ゾシモスは、帝国の衰退の元凶がキリスト教とその公認者であるコンスタンティヌス帝にあるとの考えを持っていたため、この記述には誇張も含まれるが、しかし機動軍の出現が諸都市に重い負担としてのしかかったこと自体は疑うことはできない。機動軍は、辺境防衛軍に比較して異民族出身兵士の比率が高かったことも、兵士と市民との軋轢を増加させる要因になっていたであろう。

危ういローマ軍

本章で見てきた時代のローマ軍は、防衛的になっていたとはいえ、三世紀の軍人皇帝時代にそうであったように、敵に内地深くまで侵入されることも、領土を大きく失うこともなかったという意味では、それなりに機能していたと言える。しかし、万全の状態にあったとも思われない。

このことをよく示すのは、機動軍の兵力の少なさである。先に見たように、ユリアヌス帝がアルゲントラトゥムでアレマン二人と戦った時の兵力は、一万三〇〇〇にすぎなかった。この兵力は、皇帝麾下の機動軍とガリア方面の機動軍を合わせた数である。他方、後期ローマ帝国時代に動員された最大の対外遠征軍は、同じくユリアヌス帝のペルシア遠征軍であるが、こちらはこの時期にしては例外的に規模が大きく、六万五〇〇〇である。それでも、二世紀初頭のトラヤヌス帝のダキア遠征軍が一〇万を超えたとされていることなどを考えると、決して多くはない。

理由の一つは、総兵力六〇万とは言え、戦闘部隊であった機動軍は二〇万強であり、これが東西、さらには地方の機動軍に分けられていたので、一つの機動軍の規模はそもそもそれほど大きくなかったことである。それでも制度上は、ガリア方面の機動軍だけで歩兵二万五〇〇〇、騎兵三五〇〇あったことを思えば、ユリアヌス帝の一万三〇〇〇はあまりに少ない。ディオクレティアヌス帝以後の帝国は、明らかに徴兵に困難をきたしており、おそらく制度上の兵員数を確保できていなかったのであろう。特に西方の機動軍に関しては、三五一年のマグネンティウスとの内戦に際して、全西方の機動軍の五分の一強に当たる二万四〇〇〇もの損失を出していたので、兵員の補塡が十分ではなかったであろうことは想像に難くない。

また、『軍事論』の著者ウェゲティウスは、ローマ軍歩兵は、西方正帝グラティアヌス帝の時代(三七五〜三八三年)には軍紀が緩んだため、鎧兜をその重さゆえに身に着けることを厭うようになり、ゴート人との戦いでは、彼らの弓兵に次々と倒されていったと述べている(第一巻二〇)。ウェゲティウスの言及する歩兵は、おそらく機動軍のそれであるが、先に言及したように、機動軍は度重なる内戦による大規模な兵力損傷とこれに伴う急な兵員の補充、それも徴兵難の中での補充を経験しており、辺境防衛軍と同様にその質を落としていたのであろう。

四世紀のローマ軍は、制度上は深層防御体制を確立し、総勢六〇万を誇ったが、このうち六割を占めた辺境防衛軍は弱体であり、一方の戦闘部隊の機動軍もまた同様に数的にも質的にも相当に怪しい状態にあったと言わなければならない。「ローマの平和」の時代の軍隊は、軍団と補助軍を合わせて三六万強あり、軍営から一部の兵士が離れていたので、仮にその六割に当たる二二万ほどが戦闘部隊であったとするならば、実は、四世紀の戦闘部隊の実数(東西の機動軍の合計は二一万七〇〇〇)は二世紀と大きく変わっておらず、しかも質は下がっていた可能性が高いのである。そして、このようなローマ軍を四世紀後半以後、大きな事件が次々と襲うことになる。

第五章　異民族化の果て
——崩壊する西ローマ帝国の軍隊

象牙製の二つ折り書字板（モンツァ大聖堂所蔵）に描かれたスティリコ

ゲルマン民族の大移動の始まり

三七六年の初め、東方を分担統治していたウァレンス帝（在位三六四〜三七八年）のもとに、ドナウ川北方に住むゴート人の一派テルウィンギ族（後の西ゴート人の中核となる部族）からの使節がやって来た。使節が言うには、アジアの奥地から恐ろしいフン人が現れ、同族のグレウトゥンギ族（後の東ゴート人の中核となる民族）が敗れて服属させられ、我々も攻撃を受けており、持ちこたえられないので、帝国領内に受け入れてもらいたい、とのことであった。フン人は、中国史上に現れる匈奴《きょうど》の末裔とされる遊牧騎馬民族で、トルコ系の言語を話し、人種的にはモンゴロイドであった。ウァレンス帝や側近たちは、彼らを受け入れれば、潤沢な兵士の供給源ができると考え、帝国内に入ることを許可した。こうして、その年の秋には、テルウィンギ族がドナウ川を渡った。その数二〇万とも伝えられるが、ゴート史研究の第一人者のP・ヘザーは、実際には四万ほどで、うち戦闘員は一万程度と見積もっている。

これがローマ帝国を滅ぼすことになる、いわゆるゲルマン民族の大移動の始まりである（図5-1）。そして、この大移動の波を受ける中、ローマ帝国は三九五年には東西に分裂し、さらに西ローマ帝国は四七六年に滅亡する。ローマ軍もまた、「ミステリアスな消失」と言われる

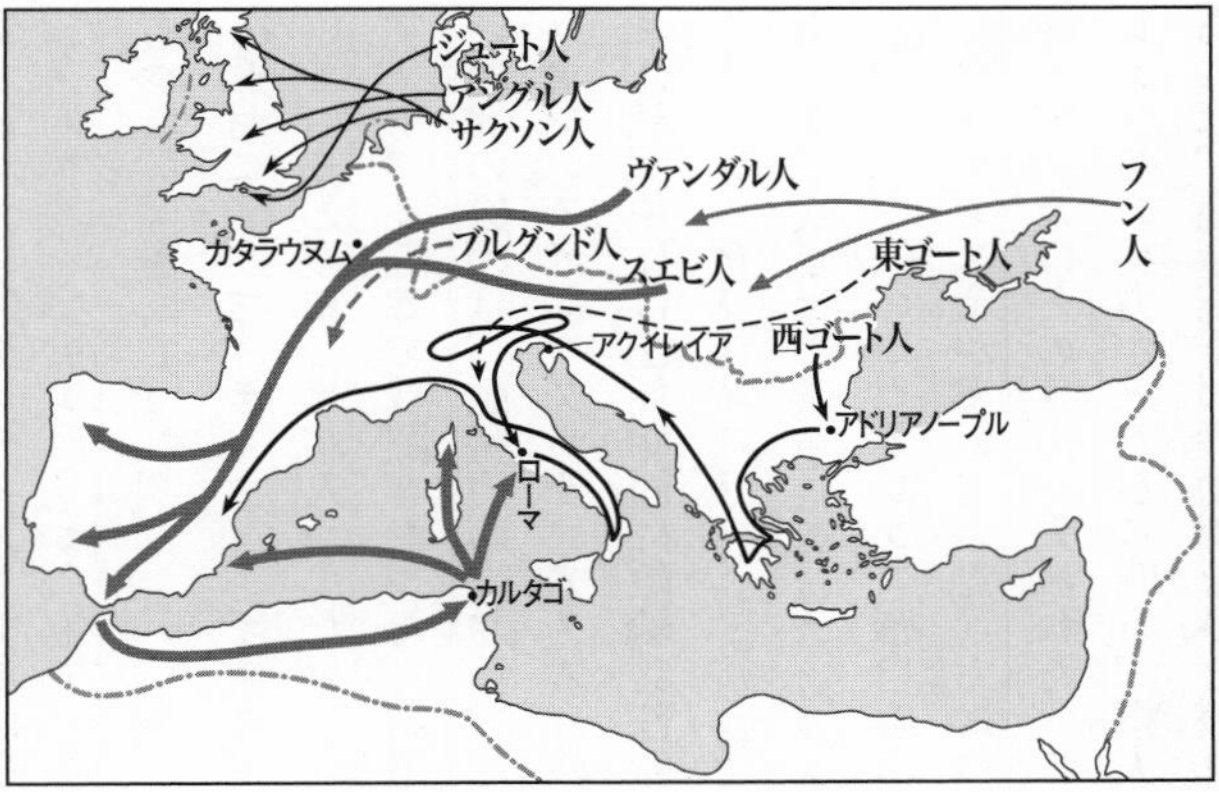

図 5-1　ゲルマン民族移動図

ような形で瞬く間に姿を消してしまう。本章では、三七六年から四七六年にいたる西ローマ帝国におけるローマ軍の消失過程を追う。

アドリアノープルの敗戦——東方の機動軍の損傷

さて、テルウィンギ族を領内に受け入れたローマ帝国であったが、彼らへの対応は酷いものであったので、翌三七七年の初頭には反乱を起こされてしまった。この反乱に前後して、フン人の支配を逃れたグレウトゥンギ族の一部——彼らも戦闘員は一万ほどとヘザーは推定する——とさらにフン人自体までもが、ドナウ川を押し渡った。

ウァレンス帝は、当時、シリアのアンティオキアにあって、ササン朝への対応に追われていたため、部下を派遣したが、反乱を鎮圧することはできなかった。ササン朝との決着がついて、ウァレンス帝がコンスタンティノープルに姿を現したのは、三七八年五月になってからのことであった。ヴァレンス帝の下には、西方を分担統治するグラティアヌス帝も援軍を率いて来るはずであったが、遅れていた。

八月に入って、テルウィンギ族らゴート人の主力一万ほどがアドリアノープルに向かって動いているとの知らせが入ったため、ヴァレンス帝は自ら軍を率いて出撃し、同月九日にアドリアノープル近郊で戦闘となった。結果は、ローマ軍の壊滅的な敗北であった。

敗北の原因は、敵勢力の数およびその位置の把握が十分でなかったことにある。そのため、ヴァレンス帝は、グラティアヌス帝の援軍を待たずとも自軍のみで勝利可能と誤って判断し、また戦闘中には左翼側面に敵騎兵部隊からの全く予期せぬ攻撃を受けたのであった。アンミアヌス・マルケリヌス(『ローマ帝政の歴史』第三一巻一三・一九)によれば、この戦いでローマ軍は、あの第二次ポエニ戦争におけるカンネーの戦い(前二一六年)以来の大敗北を喫し、その兵力の三分の二を失い、ヴァレンス帝自身も戦死した。

ヴァレンス帝が率いていた兵力についても、再びヘザーによれば、一万五〇〇〇ほど。したがって一万ほどの兵力が失われた。これは少ない見積もりであり、より多く考える者は、ヴァレンス帝の兵力が三万から四万、損失は二万から二万六〇〇〇との数字を挙げる。この数字であれば、皇帝麾下の機動軍をひとつ丸ごと喪失したことになる。いずれにしても、東方の機動軍は、深刻な損失を被ったことは疑いない。

ウァレンス帝の戦死を受けて、西方のグラティアヌス帝は、翌三七九年一月に新たな東方正帝として、退役将軍であったテオドシウスを抜擢し、ゴート人の討伐に当たらせることになった。テオドシウス帝が最初になさねばならなかったのは、東方の機動軍の再建であった。このために、エジプトやシリアなどの東方の辺境防衛軍から部隊が引き抜かれたのはもちろんのこと、農民や鉱山労働者までが駆り集められ、帝国領内外のゴート人すら徴募された。

しかし、このような即席の機動軍で勝利を得ることは難しく、結局、テオドシウス帝は、ゴート人を殲滅することも、ドナウ川の向こうへ追い払うこともできずに、三八二年一〇月にはゴート人と条約(フォエドゥス)を結んで、彼らをドナウ川下流の第二モエシア属州内に定住させることになった。

条約では、ゴート人に土地と自治権が与えられる代わりに、軍役が課された。軍役に際しては、ゴート人の部隊は、ローマの軍人ではなく、彼らの部族の指導者に従って戦うことも認められた。この条約に従って供出されるゴート人の部隊は、同盟部族軍(フォエデラティ)と呼ばれた。ローマ帝国は、これまでもしばしば大規模に異民族を帝国領内に受け入れて、彼らを兵士の供給源としてきたが、その際には部族組織を解体するのが前提であった。しかし、この三八二年の条約では、部族組織が維持されたままで異民族が帝国内に受け入れられたのであり、いわば帝国内にもう一つの国家の存在を認めたに等しかった。

西方の簒奪帝との戦い

テオドシウス帝(在位三七九～三九五年)は、この後に起こった二度の内戦において、ゴート人の同盟部族軍を積極的に利用した。

第一の内戦は、マグヌス・マクシムスとの間で起こった。ブリテン島の機動軍を率いていたマクシムスは、三八三年に反乱を起こして、ガリアにいたグラティアヌス帝を倒し、さらに三八七年にはイタリアに侵攻して、グラティアヌス帝の弟ウァレンティニアヌス二世を東方へ追い払ったからである。この事態を受けて、翌三八八年、テオドシウス帝は、マクシムス打倒に向かい、パンノニア地方のシスキアとポエトウィオにおける二度の戦いで、マクシムスを破った。

テオドシウス帝の側には、ゴート人、フン人、アラン人などの異民族が多数参加していた。ゴート人は三八二年の条約に基づく同盟部族として参加していたのであろうが、フン人とアラン人(イラン系の騎馬遊牧民で、フン人の西進に伴って真っ先に服属し、彼らと共に帝国内に入り込んでいた)は、遊牧騎馬民族であったので、ゴート人のように土地と引き換えに軍役に服していたとは思われない。おそらく、一時的な金銭の支払いを条件に雇われた傭兵のようなものであったのだろう。しかし、ローマ人は、このような異民族の傭兵も、領内居住を認められたゴート人から供出された軍と同様に、同盟部族軍（フォエデラティ）と呼んでいた。要するに、同盟部族軍という言葉が当時意味していたのは、帝国との何らかの契約の下で従軍する、異民族から成る非正規軍のことであった。

マクシムスとの戦いに勝利したテオドシウス帝は、ウァレンティニアヌス二世を西方正帝の地位に戻し、自身は再び東方に戻ったが、翌三九二年にはウァレンティニアヌス二世は不審な死を遂げ、中央歩兵軍司令官であったアルボガストはエウゲニウスなる修辞学教師を勝手に西方の皇帝に擁立した。

そうして、第二の内戦が三九四年九月にエウゲニウスとの間で起こった。決戦の舞台となったのは、北イタリアのフリギドゥスであった。この時もテオドシウス帝は、正規のローマ軍に加えて、ゴート人、アラン人、イベリア人（コーカサス地方の住人）の同盟部族軍を率いていた。両軍の兵力については、エウゲニウス側も含めて、伝えられていない。ゾシモス（『新しい歴史』第四巻五八）によれば、テオドシウス帝は、ゴート人を先鋒にして、アラン人とイベリア人をこれに続かせ、その後をローマ軍が続いた。戦闘は二日にわたり、初日には日食が起こって、暗闇での戦いの中、ゴート人の大部分が倒された。キリスト教史家オロシウス（『反異教史』第七巻一九）は、ゴート人は一万の損失を出したと伝えている。夜になったので、一旦両軍は引いたが、夜明け前にテオドシウス帝は、前日の自軍の優勢に油断していたエウゲニウス側に総攻撃をかけて、勝利した。

二度の東西の内戦において、テオドシウス帝は、特にゴート人をはじめとする同盟部族の軍事力を大規模に利用したが、これには大きく三つの理由があったと考えられる。ひとつは、前章で述べたように、いずれの内戦も東西の機動軍の激突の形をとったため、できるだけ多くの兵力を有する方が有利であったこと。もうひとつは、機動軍は再建されたばかりで、軍事的な能力に疑問があったこと。これに対して、同盟部族軍は、生来の戦士部族から出ていたので、その戦闘能力は高かった。そして第三の理由は、ローマの正規軍どうしの衝突をできるだけ回避しつつ、同時に帝国内の危険分子である同盟部族の勢力を削ごうとしたことにある。事実、オロシウスは、フリギドゥスの戦いでの勝利は、テオドシウス帝にとっては、簒奪者に対する勝利であると同時に、ゴート人に対する勝利であったとも記している(『反異教史』第七巻一九)。これは、第二章で紹介したタキトゥスの補助軍に対する見方と同じである。

同盟部族軍を利用することは、東方のローマ帝国の機動軍の保全とその勝利には大きく資した。しかし、西方の機動軍は、二度の敗戦によって大きな損傷を被り、西方はいよいよ兵力不足とその質の劣化に苦しむことになる。

スティリコのローマ軍――同盟部族軍への傾斜

フリギドゥスの戦いの後、テオドシウス帝は軍を進めて、北イタリアのメディオラヌム（現ミラノ）に入ったが、翌三九五年一月一七日に急死した。テオドシウス帝の後継者となったのは、長男のアルカディウスと次男のホノリウスであった。アルカディウスは、東方のコンスタンティノープルに残されており、テオドシウス帝はホノリウスを西方に連れてきていた。両人ともテオドシウス帝の生前に同僚の正帝となっており、その死後、帝国を東西で分担統治することになったのである。この分担統治は、これまでと何も変わらなかったが、以後二度と、帝国が一人の皇帝の下に戻らなかったため、ここに事実上、帝国は東西に分裂したのであった。この時、アルカディウスは一八歳、ホノリウスに至っては一一歳だった。そのため、ホノリウスの後見役として、西ローマ帝国の後事を託されたのが、スティリコ（本章扉）である。

スティリコは、ローマ帝国に仕えたヴァンダル人の軍人とローマ人女性の子で、自身もローマ帝国の軍人としての道を歩んだ。その妻はテオドシウス帝の姪セレナであり、帝室の一員ともなっていた。三八三年頃から史上に姿を現し、エウゲニウスとの戦いでも、おそらくトラキア方面軍司令官として軍を率い、戦後は、皇帝麾下の機動軍の中央歩兵軍司令官に任じられた。前章で見たように、西方では中央歩兵軍司令官の指揮下に全ての地方の機動軍と辺境防衛軍が置かれていたが、この改革はスティリコのイニシアティブによって行われたものであったと考えられる。またスティリコは、中央騎兵軍司令官も兼任して、総軍司令官(マギステル・ウトリウスクエ・ミリティアエ)を称した。スティリコは、全西ローマ帝国軍の総司令官の立場で、テオドシウス帝亡き後の帝国を取り仕切ることになっていたのである。

そして、スティリコ以後は、この総軍司令官の任に就いた者が西ローマ帝国の事実上の支配者となった。本章では、以下、スティリコ、アエティウス、そして最後の皇帝ロムルス・アウグストゥルス(在位四七五～四七六年)を擁立したオレステスの軍のあり方を順にみていきたい。

スティリコの執政は、三九五年から一三年に及んだが、この間、スティリコは幾多の戦いに臨んでいる。

スティリコの最大の敵対者となったのはアラリックであった。アラリックは、三八二年の条約でバルカン半島に定住したゴート人の指導者で、テオドシウス帝の死後、間もなく反乱を起こした。その勢力は一旦、コンスタンティノープルに向かった後、矛先を転じて、ギリシア方面に南下した。当時、西方には、テオドシウス帝がエウゲニウスとの戦いに率いて行った東方の機動軍も留まっていたので、スティリコは、東西の機動軍を率いて、現地に急行した。

アラリックとは、ギリシアのテッサリア地方で戦いとなり、スティリコの御用詩人クラウディアヌス(『ルフィヌス弾劾詩』二・一七一―一九二)によれば、スティリコは、あと一歩でアラリックの勢力を殲滅するところまで行ったが、東方の皇帝アルカディウスから、この地域から撤退して、東方の機動軍を返すよう命令が届いたため、これに従った。アルカディウス帝の命令の背後には、オリエンス道長官としてコンスタンティノープルの宮廷で専権を振るっていた文官のルフィヌスがおり、ルフィヌスは、スティリコがアラリックを倒し、その勢いで東方に介入してくることを恐れていたのであった。

しかし、スティリコには、この命令を無視してアラリックを倒してしまうこともできたはずである。が、そうしなかったのは、自身が率いていた機動軍に問題があった可能性が高い。東方の機動軍は、テオドシウス帝がアドリアノープルの戦いの後、急遽駆り集めた兵士で構成されており、その質に問題があり、一方の西方の機動軍は、二度の内戦で相当に損傷していた。さらに東西の機動軍は内戦で激突してから一年ほどしか経っておらず、その不和は深刻であった。スティリコは、西方の機動軍にとっては、かつての敵ですらあったのである。このような軍では、アラリックを倒すことができなかったというのが実情であろう。

アラリックは、結果として放置されることになり、ギリシアは荒らされた。スティリコが再びアラリック討伐に向かうのは三九七年のことであるが、この間、スティリコはライン川方面にあって、徴兵を積極的に行い、西方の機動軍の立て直しを図っていた。アラリックとは、今度はペロポネソス半島で戦いになったが、ゾシモス(『新しい歴史』第五巻七・二)によれば、スティリコの軍は、戦闘の重要な局面で略奪に走り、勝機を逸してしまった。A・キャメロンという英国の研究者は、アラリックはギリシアを略奪して得た黄金で、スティリコ側の兵士を買収したと考えている。急ごしらえの機動軍は質が悪く、スティリコは、西方の機動軍を十分に統率できていなかったに違いない。

同じ三九七年の秋にスティリコは、アフリカで機動軍を率いていたギルドの反乱を受けるが、反乱軍に対して差し向けられた兵力はわずか五〇〇〇人であった。

四〇一年の秋には、今度はアラリックの側がイタリアに侵攻し、ホノリウス帝のいたメディオラヌムを脅かした。スティリコは、ラエティアとブリテン島、そしてライン川方面の辺境防衛軍を引き抜いてアラリックに当たり、翌四〇二年にイタリア北部のポレンティアとヴェローナの戦いで勝利して、撃退した。

しかし、四〇五年には、ラダガイススに率いられた新たなゴート人の勢力が、突如、ドナウ川北方からイタリアに侵入して来た。彼らは、何らかの事情で三七六年以後もドナウ川北方に残っていたゴート人の残存勢力であった。古代の史料は、ラダガイススの率いたゴート人の勢力を二〇万とも、四〇万とも伝えるが、ヘザーはやはり、総勢一〇万、戦闘員は二万と見積もっている。スティリコは、ゾシモス(『新しい歴史』第五巻二六・四)によれば、北イタリアのティキヌム(現パヴィア)に駐屯していたローマ軍の三〇部隊と、アラン人とフン人、ゴート人の同盟部族軍を率いて、ラダガイススを中部イタリアのファエスラエ(現フィエーゾレ)で迎え撃つて、四〇六年八月二三日に勝利を得た。

『ノティティア・ディグニタトゥム』によれば、イタリアには機動軍六万九五〇〇が存在したはずであり、またスティリコは四年前に、ラエティアなどから辺境防衛軍をイタリア防衛のために引き抜いたはずであるが、実際には部隊数は三〇しかなかったことになる。各部隊の規模は明らかではないが、一部隊五〇〇人とすれば、一万五〇〇〇の兵力にしかならない。一部隊の数を二五〇人とする説もあるが、いずれにしても、『ノティティア・ディグニタトゥム』に挙げられている兵力の五分の一以下しかスティリコの手元になかったことになる。さらに、これらの部隊には、通常は徴兵の対象ではなかった奴隷すら入れられていた。二度の内戦とこれらに続いたアラリックとの一連の戦いは、ローマの正規軍を相当に消耗させていたのであろう。イタリアの皇帝麾下の機動軍は早くも風前の灯であった。

なお、スティリコは、敗れたラダガイススのゴート人のうち一万二〇〇〇を正規のローマ軍に入れたとされている。

ラダガイススの戦いの前後からスティリコは、長年の敵であったアラリックと同盟を結んで、東ローマ帝国からイリュリクム道東部のダキア管区とマケドニア管区を奪取する計画を立てていた。スティリコがイリュリクム道東部の奪取を目指した背景には、この地が精強な兵士のリクルート源であるということが大きかったようである。スティリコは、常に兵力不足に苦しんでいた。

しかし、この計画が動き出した四〇六年一二月三一日、今度は、ヴァンダル人、スエビ人、アラン人らの諸部族がマインツの辺りでライン川を突破し、ガリアに流れ込み、一部はピレネーを越えて、ヒスパニアに入った。ヘザーは、これらの諸部族の総数も一〇万ほどと見ている。この機に乗じて、ブルグンド人とアラマンニ人もライン川を越えて、ローマ領内に進出した。深層防御体制の原則から言えば、ここでガリア、ないしイタリアの機動軍が対応に当たるべきである。しかし、この非常事態に対して、機動軍が対応した形跡はない。機動軍の状況が相当に深刻であったことを窺わせる。同時期には、ブリテン島では、コンスタンティヌス三世が帝位を僭称し、このコンスタンティヌス三世がガリアに渡り、防戦する有様であった。

ガリアの混乱を受けて、アラリックとの共同計画も頓挫した。そのため、スティリコは、計画のために動き出していたアラリックから莫大な補償金を要求され、これを支払わざるを得なくなった。

一連の失政がたたったスティリコは結局、ホノリウス帝の信頼を失い、四〇八年に失脚するが、この前後の事情からもスティリコの軍のあり方が見えてくる。

この年の八月には、コンスタンティヌス三世に対する遠征軍が準備され、ティキヌムに集結した。ローマ市にいたホノリウス帝は、遠征軍を激励するため、同市に入った。しかし、入市の四日後、遠征軍は突如、暴動を起こし、ホノリウスに同道していたガリア道長官、ガリア方面騎兵軍司令官、プロテクトル部隊の司令官、行政長官、財務長官などの主だった政府の要人をことごとく虐殺した。実は、この暴動は、反スティリコ派の文官オリンピウスが仕組んだものであった。

スティリコは、暴動勃発時には同じく北イタリアのボノニア（現ボローニャ）におり、この報を受けると、自身と共にいた同盟部族軍の指導者たちと対応を相談した。彼らは、皇帝が生きていた場合は、暴動の首謀者たちを処罰することに決した。しかし、スティリコは、皇帝の生存を知っても、ティキヌムに向かうのを躊躇した。皇帝麾下の遠征軍との衝突を恐れたのである。スティリコは、態勢を立て直すべく、一旦、ラヴェンナに入ったが、結局、ホノリウス帝からの処刑命令が届いたため、従容として死に就いた。

このようなスティリコ失脚の事情を詳しく記しているのもゾシモスであるが、ゾシモス（『新しい歴史』第五巻三〇・四）によれば、ティキヌムの遠征軍は、スティリコに対してそもそも不満を抱いていた。確かにそうでなければ、簡単にオリンピウスに煽動されはしなかったであろう。ゾシモスは、遠征軍がなぜスティリコに不満を抱いていたのかは述べていない。おそらく遠征軍の兵士の多くは、ガリア出身者であり、そのためスティリコが四〇六年以来、ゲルマン民族の侵入を被っているガリアを放置してきたことに憤っていたのであろう。アンミアヌスによれば、ガリアは良質な兵の供給地であり、「彼ら〔ガリア人〕の誰かが、イタリアでのように、軍務を怖れるあまり自分の親指を切り落とすようなことも絶えてない」(『ローマ帝政の歴史』第一五巻一二・三)のであった。またスティリコは、自身の周辺に同盟部族軍の兵士を置いていたうえ、身辺警護をしていたのはフン人であったので、このこともローマ人から成る遠征軍には不満の種であったに違いない。ゾシモス(『新しい歴史』第五巻三三)は、実際、遠征軍を「ローマ人」と呼び、スティリコの周りにいた同盟部族軍を「蛮族」と呼び、その対比を際立たせている。

これら同盟部族軍の兵士の家族は、機動軍と同様、イタリアの諸都市に分散して宿泊していたが、スティリコの失脚後、ローマ人の遠征軍はその虐殺に動いたため、同盟部族軍はアラリックの下に走った。その数は、三万を超えたとされている。こうして、西ローマは、スティリコの死後、一時的に同盟部族軍も失い、四〇八年にアラリックがイタリアに侵入して来た時には、これを防ぐ力を全く持たず、ローマ市は包囲された。当時、ラヴェンナにいたホノリウス帝は、救援のために軍を派遣したが、派遣軍の数はわずか六〇〇〇人にすぎなかった。そのうえ、この六〇〇〇人はイタリアの機動軍ではなく、アドリア海を挟んで対岸のダルマティア地方の辺境防衛軍から呼び寄せられた軍——精兵であったとはされているが——であったのである。

スティリコは、西ローマ帝国の実質的支配者であったが、西ローマ帝国の人びとにとっては、東ローマ帝国からテオドシウス帝と共にやってきたいわば征服者であった。したがって、スティリコは、西ローマ帝国の機動軍とは常に関係が微妙であった。機動軍の数的質的不足に加えて、このような事情もあって、スティリコは、同盟部族軍に頼るようになっていったのであろう。そうすると、いよいよ西ローマ帝国の機動軍との関係は悪化し、ついに身の破滅を招いたのであった。同盟部族軍の活用は、続く四半世紀後のアエティウスの時代には、いっそう顕著になる。

アエティウスのローマ軍――同盟部族軍への依存

アエティウスは、四三三年から四五四年まで、総軍司令官として、ウァレンティニアヌス三世の治下で西ローマ帝国の専権を握り、その立て直しに奮闘した人物である。六世紀の東ローマ帝国の歴史家プロコピウスは、アエティウスを「最後のローマ人」(『戦史』第三巻三・一四)と呼んだ。しかし、そのアエティウスが生涯にわたって依拠したのは、フン人とゲルマン人の同盟部族軍の力であり、機動軍ではなかった。

アエティウスは、四二五年にガリア方面騎兵軍司令官になり、四三三年には総軍司令官になったのであるが、いずれの地位も専らフン人の力を背景に得られたものであった。

四二三年にホノリウス帝が没すると、西ローマ帝国の帝位は文官のヨハンネスの手に渡った。だが、東ローマ帝国の皇帝テオドシウス二世(在位四〇八～四五〇年)は、これを承認せず、自身の従弟であり、ホノリウス帝の甥であったウァレンティニアヌス三世をイタリアに送り込み、ヨハンネスを倒そうとした。ヨハンネスはこの動きを察知すると、アエティウスを介して、パンノニアにいたフン人の援軍を呼び寄せることにした。トゥールのグレゴリウスによれば、アエティウスはフン人のもとに赴く際、「莫大な黄金」(『フランク史』第二巻八)を持たされており、フン人は、この黄金で雇われた同盟部族軍であった。

アエティウスがこの役に選ばれたのは、アエティウスは若き日にフン人の人質になっていたことがあり、彼らと親交があったからである。そして、実際に、アエティウスは、ヨハンネスの期待に応えて、六万のフン人の軍勢を引き連れて戻ってきた。しかし、時すでに遅く、ヨハンネスは、東ローマ帝国の軍に敗れていた。アエティウスは、簒奪者の側についてしまったことになったが、引き連れてきたフン人の力で新皇帝ウァレンティニアヌス三世から赦免を取りつけただけでなく、さらに圧力をかけて、ガリア方面騎兵軍司令官の地位をも獲得したのであった。

この後、アエティウスがウァレンティニアヌス三世の下で専権を握ろうとする際に、最大のライバルとなったのは、アフリカ方面軍司令官(コメス・アフリカエ)であったボニファティウスであった。アエティウスは、最終的に、このボニファティウスと四三二年にイタリアのリミニで軍事衝突することになった。この戦いではボニファティウスが勝利したが、戦闘中に受けた傷によってボニファティウスは間もなく死去し、敗北したアエティウスはパンノニアの旧知のフン人のところに逃げ込んだ。そして、再びフン人の援軍を得ると、イタリアに姿を現し、ボニファティウスの後継者セバスティアヌスを追い払い、四三三年に総軍司令官の地位に就いたのであった。

四三三年以後の専権時代のアエティウスの軍事活動の多くを支えたのも、フン人であった。四三七年に、アエティウスは、現ドイツのヴォルムスを都として建国されていたブルグンド王国をフン人の協力の下で滅ぼした。この時、王のグンドハルとその部族民二万が殺戮された。後に、この事件をもとにして、中世ドイツの叙事詩『ニーベルングの歌』が生まれることになる。ブルグンド人の残党は、アエティウスの指示で最終的にガリア南東部の現サヴォワ地方に同盟部族として定住した。

同時期には、アエティウスは、西ゴート人(アラリックに率いられたゴート人の後裔)とも戦っている。西ゴート人は、四一八年にガリア南西部のアクイタニアに同盟部族として定住を許されていたが、四三六年ごろから再び活動を開始し、ガリア南部のナルボネンシスを包囲するに至っていたのである。この西ゴート人に対しても、アエティウスは、部下のリトリウスを司令官としてフン人を差し向けた。リトリウス自身は、四三九年に、トゥールーズ近郊での激戦の末、捕らえられて、処刑されたが、この戦いの後、西ゴート人との講和が成り、彼らのガリア南部への進出は阻まれた。

しかし、アエティウスとフン人の関係は次第に悪化し、四五一年には、ついにフン人の王アッティラは、ガリアへの侵攻を開始した。そして、アエティウスは、これをカタラウヌムで迎え撃つことになった。この時のアエティウス側の軍は、西ゴート人とアラン人の同盟部族軍、そして、アエティウス自身の率いる軍から成っていた。アラン人を四四二年にアルモリカ地方(現フランス北西部のブルターニュ地方)に定住させ、同盟部族としていたのもアエティウスであった。しかし、アエティウス自身が率いた軍も、ヨルダネスの『ゴート史』(三六・一九一)によれば、それは機動軍ではなく、フランク人、サルマティア人、アルモリカ人、サクソン人、ブルグンド人などの同盟部族軍であった。

アエティウスが以上のようにその専権時代にフン人や西ゴート人をはじめとする同盟部族の軍事力を使っていたのは、自身がフン人らと親しかったという個人的事情や機動軍の数的質的不足だけに由来するものではなく、この段階になると、機動軍を維持する財政基盤も失われていたからである。四〇六年のヴァンダル人らのライン渡河以後、ガリアは混乱し、やがてヒスパニアはヴァンダル人らの占拠するところとなり、ブリテン島の支配も四一〇年には永久に断念されていた。アエティウスは、ガリアとヒスパニアの秩序をかなり取り戻していたとはいえ、さらに四二九年には、ヴァンダル人はヒスパニアからジブラルタル海峡を越えて北アフリカに渡り、四三九年には西ローマ帝国の最も豊かな属州であったアフリカ・プロコンスラリスまでもが奪われていたのである。加えて、アフリカの事実上の支配者であったボニファティウスとも政争を繰り広げていた。アフリカからの税収は、ヴァンダル人にその地を奪われる以前から途絶えていたであろう。このような状況にあったアエティウスが、その執政時代に恒常的な維持費を必要とするローマ正規軍をほとんど保持できず、一時的な金銭の支払いで応じるフン人や土地の提供と引き換えに軍を提供する同盟部族の力に頼ったのは、いわば当然のことであった。

カタラウヌムの戦いの翌四五二年に、アッティラは今度はイタリアに侵入し、メディオラヌムやアクイレイアを攻略するが、アッティラをイタリアから撤退させたのは、伝説ではローマ教皇レオ一世の説得であり、実際には糧秣不足と疫病だった。そして、この間、機動軍が姿を現すことはない。

西ローマ帝国最末期の軍隊

四五五年、アエティウスは宮廷内でウァレンティニアヌス三世によって殺害された。そのちょうど二〇年後の四七五年一〇月三一日に、西ローマ帝国最後の皇帝となるロムルス・アウグストゥルスが即位した。

ロムルスを擁立したのは、父親のオレステスである。オレステスは、パンノニア生まれのローマ人であったが、フン人の王アッティラの秘書を務め、アッティラの死後は、イタリアに移って、ユリウス・ネポス帝(在位四七四～四七五年)に仕え、総軍司令官の地位を得ていた人物である。しかし、オレステスは反乱を起こして、ユリウス・ネポス帝を帝座から追い払い、自身の子ロムルスを皇帝としたのであった。

最後に、このオレステスの軍隊を見ておこう。オレステスの軍隊と言っても、その実態が多少なりとも分かるのは、息子のロムルス帝の廃位事件に際してである。

ロムルス帝廃位のきっかけとなったのは、その軍隊がイタリアの土地の三分の一をオレステスに要求したことにあった。その軍隊は、ヨルダネスによれば、「スキリ人とヘルリ人、そしてその他さまざまな部族から成る同盟部族軍」(『ゴート史』四六・二四二)だった。スキリ人もヘルリ人も共にゲルマン民族の一派である。土地を要求しているところから見て、彼らは金銭で雇われた傭兵であったのだろう。そして、彼らがその要求を通すための指導者として選んだのがオドアケルという人物である。オドアケルは、スキリ人であり、教科書的には「ゲルマン人の傭兵隊長」とされているが、プロコピウスによれば「皇帝の護衛兵」(『戦史』第五巻一・六)の一人であった。

しかし、土地分与の要求をされたオレステスは、これを拒んだため殺害された。『テオドリック大王伝』(八・三七)が記すところでは、オレステスが殺害された場所は、プラケンティア(現イタリアのピアチェンツァ)であり、反乱軍は、その後、ラヴェンナに入って、ロムルス帝を廃位した。ロムルス帝自身は、まだ少年であったため、助命されて、南イタリアで余生を過ごしたとされている。一連の事件の中では、皇帝麾下の機動軍の姿はない。イタリアでは、もはや機動軍が維持されていなかったことは明らかである。

辺境防衛軍の消滅

以上のように、西ローマ帝国では、スティリコの時代以後は、年来の慢性的な兵力不足とそれに伴う兵士の質の低下、さらにうち続く戦争によって、皇帝麾下の機動軍はその機能を失いつつあったため、軍事力のおそらく半分ほどを同盟部族軍に頼るようになっていた。さらに、アエティウスの段階では、これに税収の減少が追い打ちをかけ、機動軍の維持ができなくなって、ほぼ全面的にそれは同盟部族軍に取って代わられていた。そうして、その同盟部族軍によって最後の皇帝は、廃位されてしまったのである。このようにして戦闘部隊であった機動軍は、五世紀に入ってわずか三〇年ほどで失われてしまったのであり、この現象がローマ軍の「ミステリアスな消失」と呼ばれるのは分からなくはないが、しかし、実際には前章で見たように、先立つ四世紀には明らかにほころびが始まっていたのであり、その当然の結果だったと言うべきであろう。

一方、辺境防衛軍も、帝国中央からの給与の支払いが止まると次第に解体していくことになった。五一〇年頃にイタリアの修道士エウギッピウスによって書かれた『聖セウェリヌスの生涯』(二〇)には、「ローマ帝国が健在であった時代には、多くの都市で兵士たちが辺境防衛のために、公費で養われていた。しかし、この慣習がなくなると、兵士たち部隊とその防衛線(リメス)は、同時に消え去った」と、辺境防衛軍の存続と給与との一般的関係が端的に語られている。

セウェリヌスが布教活動をしていたノリクムのバタウィス(現ドイツのパッサウ)の町では、給与の支払いが停止した後でも、しばらくはローマ軍の部隊(ヌメルス)が存続しており、幾人かの兵士が部隊を代表してわざわざイタリアまで「最後の給与」を取りに行ったとされている。セウェリヌスは、四五三年頃から四八二年に亡くなるまでノリクムにいたが、このエピソードが、この間のいつの年の出来事であったのかは正確には分からない。ちなみに、給与を取りに行った兵士は、道中で「蛮族」に殺害されてしまったという。『聖セウェリヌスの生涯』(二〇)では、この事件をセウェリヌスは誰からも聞いていないのに僧房での読書中に突然察知し、周りの者に兵士の遺体が近くのイン川に流れ着くから見に行くように指示したとされている。

比較的長く、ローマ軍の部隊が存続したと考えられるのは、ガリアの場合である。ガリアでは、マヨリアヌス帝(在位四五七～四六一年)によってガリア方面騎兵軍司令官に任じられたアエギディウス(四六四年没)の子シアグリウスが、「ローマ人の王」として、ガリア北東部のノウィオドゥヌム(現ソワソン)を中心に、西ローマ帝国滅亡後も四八六年までその支配領域を保っていたからである。最終的に、王国はメロヴィング朝のクローヴィス(在位四八一～五一一年)によって滅ぼされたのであるが、そのクローヴィスの時代になっても、ローマ軍の部隊の一部は残っていたようである。

なお、ブリテン島では、四一〇年頃に、ローマ帝国の支配は終わったが、序章で紹介したサトクリフの『ともしびをかかげて』では、「守備隊」は四五五年までこの島に駐留していたことになっている。これは歴史的事実ではないが、物語の主人公アクイラのように、ローマ軍が撤退した後もこの島に残り、ローマ兵としての経験を生かして、ゲルマン民族の勢力と戦った者たちがいたことは十分にあり得るであろう。ちなみに、ブリテン島の人々がローマ帝国と最後に接触をもったことが記録に残るのは四五三年のことで、この年、ブリテン島の人々はアエティウスに救援を要請したとされている。だが、アエティウスがこれに応えた形跡はない。サトクリフの物語の始まる四五五年は、この二年後である。

いずれにしても、『聖セウェリヌスの生涯』が記すように、辺境防衛軍は、ローマ帝国から給与が支払われなくなれば、あるいはシアグリウスのようなあらたな指導者がいなければ、それで自然に解体していったのであろう。

終章　ローマ軍再論

――ユーラシア史のなかで

ポンペイ出土のインド製女性像

本書では、五章にわたってローマ帝国の軍隊の生成から西ローマ帝国におけるその終焉に至るまでを辿ってきたが、その歴史は、軍にプロフェッショナリズムが貫徹していく過程ともとらえることができる。終章では、このローマ軍のプロ化の背景とこれが帝国の歴史に及ぼした影響について、ここまでの議論の要約をしつつ、より広くユーラシア規模の歴史的視野の中で改めて考察を加えてみたい。

常備軍を支えたシルクロード交易

ローマという国家は、王政から共和政、さらに帝政へとその政治体制を変化させていったが、王政期と共和政期の軍隊は市民軍であり、職業軍人からなる常備軍ではなかった。軍は、あくまでも非常時に義務として武器を執った有産市民から成っており、原則的には三月から一〇月までの七カ月間で解散され、必要があれば、新たに再編された軍が交代で任務に当たった。いわばアマチュアの軍隊であった。とはいえ、このこととローマ軍の戦闘力は別問題であり、共和政期のローマ軍は極めて強力であり、ローマを帝国化させたのはまさにこの軍隊だったのである。

しかし、第二次ポエニ戦争後、共和政期のローマはイタリア半島を越えて、西はスペインから東はシリアまで、各地で戦争を繰り広げるようになり、その結果、戦争は慢性化、長期化した。また、新たに獲得された領土を維持するためには、軍を常駐させる必要が出てきた。こうして前二世紀には、一部の兵士は戦争を稼業とするようになり、軍もまた事実上の常備軍と化しつつあった。さらに前二世紀末に行われたマリウスの兵制改革によって、兵士になるための財産資格が取り払われたことで、ローマ軍は、その多くが軍務を職業として選んだ無産市民の志願兵から構成されるようになったのである。

このような半ばプロ化していた共和政末期の軍を引き継ぎ、これを、古代世界でも異例の職業軍人から成る大規模な常備軍へ転換させたのが、ローマ帝国の初代皇帝となったアウグストゥスであった。

しかし、軍の常備軍化は、多大な財政的負担を伴うものである。常備軍化した場合には、兵士たちには、戦時だけでなく、平時にも給与を支払わねばならなかったし、アウグストゥスは、彼らに退職金すら支払うことにしたからである。R・ダンカン・ジョーンズの試算では、アウグストゥス時代の軍事費は、年間四億九〇〇〇万から五億五〇〇〇万セステルティウスほどだった。この金額がどれほど高額であったかは、カエサルが征服したガリアに課した年間の税額が四〇〇〇万セステルティウスであったとのスエトニウス『ローマ皇帝伝』(「カエサル」二五)

が挙げる数字を想起すれば、十分であろう。

莫大な支出を伴う軍の常備軍化にアウグストゥスを踏み切らせた財政的な裏付けは、いったい何だったのか。そこにはよほどの財源がなければならない。筆者は、その財源がユーラシア大陸の東西を結ぶシルクロード交易からの関税収入にあったのではなかったかと考えている。

当時のシルクロードは、ローマ市から漢の都長安を結んだが、東西交易の結節点となっていたのはインドだった。シルクロードの名の由来となったシルク、すなわち中国産の絹も、その多くはインドへもたらされ、ここでローマ人の商人の手に渡ったのである。

ローマ人は、インドへは海路で行った（図6-1）。ローマ市からはまず市内を流れるティベル川を下って、地中海に出、エジプトのアレクサンドリアへ向かう。アレクサンドリアは、ローマのシルクロード交易の最大の玄関口である。アレクサンドリアからは、ナイル川を遡り、コプトスまで至る。コプトスで一旦上陸すると、エジプトの東部砂漠を横断して、紅海沿岸の港ミュオス・ホルモス、あるいはベレニケに向かう。そこで再び船に乗って、今度は紅海を南下し、アラビア半島の南岸のオケリスやカネなどの港に至る。ここからは「ヒッパロスの風」と呼ばれた貿易風に乗って、一気にインド洋を横断し、インド北西部のバルバリコンやバリュガザ、西南部のムジリスやネルキンダといった町が目指された。これらの町で、ローマ人の商人は、中国の絹だけではなく、現地でとれる胡椒をはじめとする香辛料を大量に仕入れた。イ

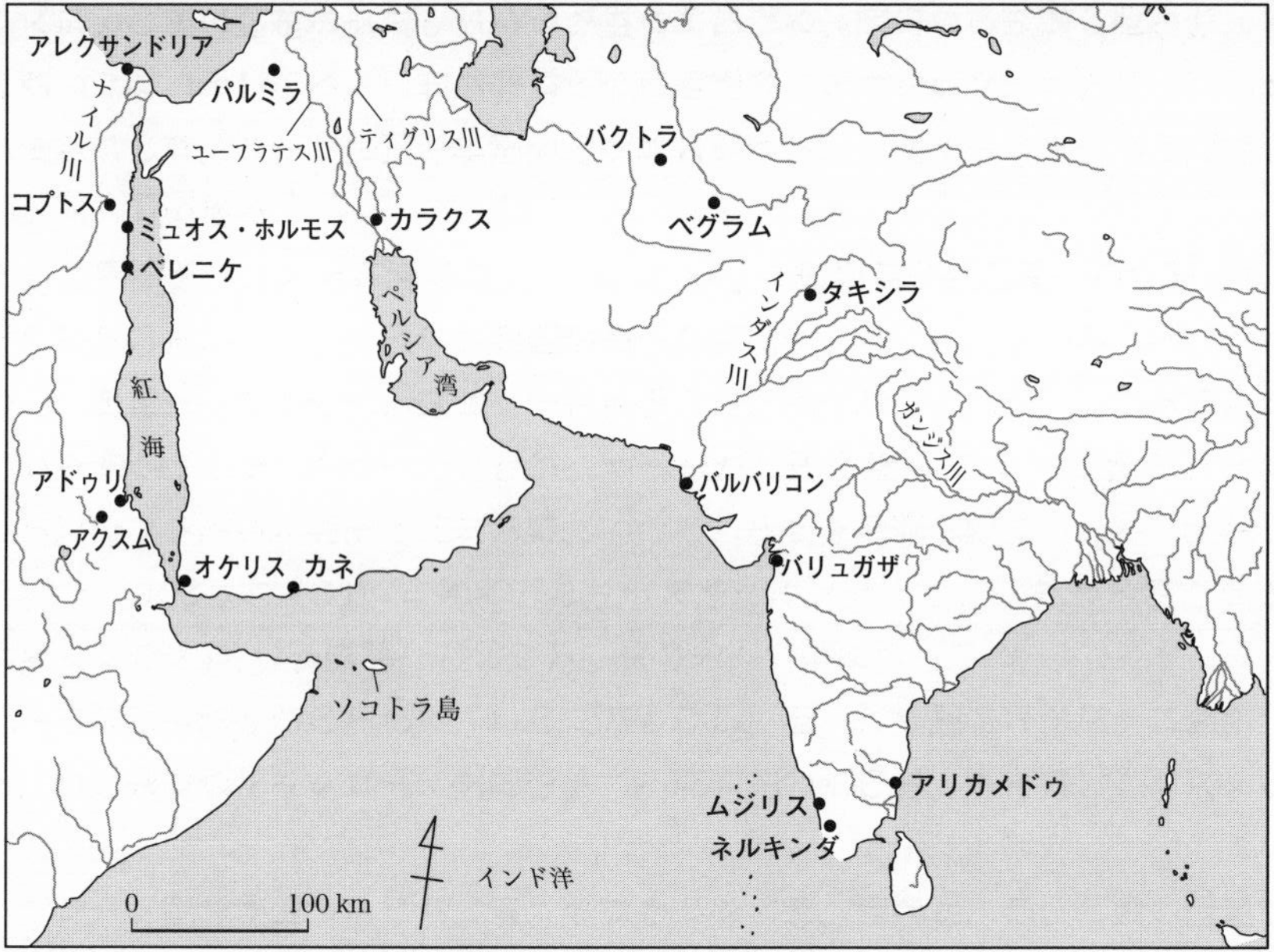

図6-1　シルクロード関係地図

タリアのポンペイからはインドから輸入された象牙製の女性像も出土している（本章扉）。これに対して、ローマ側が輸出していたのは、金貨やガラス器、葡萄酒、地中海産の珊瑚などであった。

そして、このようなシルクロード交易が著しく活性化したのが、まさにアウグストゥスの治世（前二七〜後一四年）だったのである。この点について、前二六年頃にエジプトに滞在していた地理学者ストラボンは、『地理誌』において、次のように証言している。

「〔アウグストゥスの時代には〕ミュオス・ホルモスからインドへ一二〇隻もの船が航海していた。かつてプトレマイオス諸王の治世には、きわめて少数が航海を敢行し、インド産の品を商っていたにすぎなか」（第二巻五・一二）った、と。また、別の個所には、「以前にはアラビア湾を横断して、海峡より外をあえて窺おうとする船は二〇隻もなかったが、今日ではインドやエチオピアの果てにまで、しかも大きな船団を組んで派遣されている。そして、そこから高価このうえもない船荷がエジプトに運ばれ、さらにそこから再び他の諸地域へ送り出されている」（第一七巻一・一三）とある。

ここで重要なのは、ローマ帝国が外国との交易に際して、二五パーセントもの高額の関税をかけていたということである。二世紀半ばのある商船は、アレクサンドリアで二三〇万セステルティウスほどの輸入関税を支払ったことが知られている。仮にこの規模の商船が、ストラボンの言うように年間一二〇隻あったとするならば、アレクサンドリアからの輸入関税だけで年間二億七〇〇〇万セステルティウスもの収入があったことになる。シルクロード交易の関税の徴収地は、アレクサンドリアの他にも、シリアのアンティオキアなどにもあったし――商品の一部は紅海に入らず、ペルシア湾に入って、ユーフラテス川を北上し、シリアから地中海に出ていた――、関税は輸入だけでなく、輸出に際しても課されていたので、東方から上がる輸出入関税の総額は、四億セステルティウスを下らなかったであろう。これはアウグストゥス時代の軍事費のほとんどを賄えるほどの金額である。アウグストゥスは、おそらくこのようなシルクロード交易の活性化に伴う税収の大幅な上昇を見て、軍の常備軍化に舵を切ったのではないだろうか。

シルクロード交易圏への接近

シルクロード交易の発展は、常備軍化の重要な背景のひとつとなった共和政期ローマの東方進出にも関係していたように思われる。

ローマが初めてイタリア外の領土を獲得し、帝国化への道を歩み始めたのは、前二四一年のことである。この年、ローマは、カルタゴとの第一次ポエニ戦争を終結させ、シチリア島を獲得した。同じ前二四〇年代には、イラン北東部でパルティアが興り、やがてこの勢力はイラン全域とメソポタミアを支配下に置くことになる。ローマとパルティアに少し遅れて、前二二一年には秦、続いて漢が中国大陸を統一する。前三世紀後半には、ユーラシア各地で巨大帝国が誕生しつつあったのである。そして、これらの国家は、前二世紀後半以後、互いに接近し始める。

その大きな一歩は、漢の武帝(在位前一四一〜前八七年)が、北方の遊牧騎馬民族匈奴を打倒すべく、かつて匈奴に敗れ西に逃れた大月氏《だいげっし》(後のクシャーナ朝)との軍事同盟を求めたことに始まる。大月氏は、当時、バクトリア地方(現アフガニスタン北部)に本拠を置いていた。前一三九年、武帝は、大月氏のもとに使節として張騫《ちょうけん》を派遣した。張騫は、軍事同盟の締結には失敗したものの、西方諸国の情報をもたらし、以後、武帝は、積極的に西方への進出を図るようになった。そして、前一一五年頃には、パルティア王ミトリダテス二世(前一二五もしくは一二一〜前九一年)とも関係を結ぶことになる。『史記』の「大宛列伝」において二万の騎兵を伴って漢の使節を迎えたとされる安息王は、このミトリダテス二世のことである。こうして、東方では、漢とパルティアがシルクロードを介して結びつき、一つの交易圏が生まれた。

一方、ローマも、前二一八年に起こった第二次ポエニ戦争を機に、東方への進出を開始する。ローマの東方進出は、当初は純粋に政治的、軍事的なものであったが、やがてシルクロードの交易圏の富に吸い寄せられるように、その触手を東へ東へと伸ばし、前一四八年にはマケドニアを、前一四六年にはギリシアを、前六三年にはシリアを、そして、前三〇年にはエジプトをその支配下に入れていくのである。シリアとエジプトは、シルクロード交易のローマ側の窓口であった。なお、この間の前九六年には、ミトリダテス二世は、小アジア南東部の属州キリキアの総督をしていたローマの有力政治家スラに使節を送り、友好を求めたが、これはローマとパルティアが交渉をもった最初の機会であった。ミトリダテス二世を介して、漢とローマが繋がったのである。

共和政末期に敷かれた第一回三頭政治において、カエサル、ポンペイウスと鎬を削ったクラッススはパルティアの征服を企て、北部メソポタミアのカラエで前五三年にパルティアとの戦闘になった。クラッススはこの戦いで命を落とすことになるが、この時、ローマ軍は、「黄金と絹」で輝く軍旗を翻したパルティア軍を目にしたと伝えられている(フロルス『ローマ史』第三巻一一)。黄金と絹は、シルクロード交易で漢が西方に輸出していた代表的商品であった。他方のカエサルは、前五四年に行われた凱旋式のパレードにおいて、沿道に絹の日よけを用いて、見物に来たローマ市民を驚嘆させたと言われている。ローマ人は、シルクロードとその象徴である絹に、共和政末期には確実に近づきつつあったのである。

そして、この東方への進出が戦争の長期化、慢性化、引いてはローマ軍の常備軍化の大きな要因であったことを思い出すならば、共和政期におけるローマ軍の変容もまた、ユーラシア規模の歴史を背景にしていたと言えるだろう。

「帝国の時代」の終わりとローマ軍のプロ化の進展

シルクロード交易の繁栄には、ユーラシア大陸全体の政治的安定が不可欠である。アウグストゥスは、地中海世界を統一し、「ローマの平和」をもたらすことで、その西端の政治状況を安定させたのであり、それゆえにこの治世において、シルクロード交易は活性化したのであった。

シルクロード交易は、一世紀後半に頂点を迎えるが、当時、ユーラシア大陸には、西から順にローマ帝国、パルティア、クシャーナ朝、後漢の四つの巨大帝国が並び立っていた。クシャーナ朝は、ローマ、パルティア、後漢には遅れて、六〇年頃に現在のアフガニスタンの地に興り、支配領域をインド西北部にまで広げ、シルクロードの中継交易で繁栄した。仏教を庇護したことで名高い、二世紀前半に在位したカニシュカ一世は、その最盛期の王である。

しかし、ユーラシア大陸の政治的安定をもたらしていた諸帝国は、二世紀半ば以降、次第に崩れていくことになった。

ローマ帝国では、マルクス・アウレリウス帝治世の一六五年から「アントニヌスの疫病」が流行し、間もなくマルコマンニ戦争も勃発した。一方、東方の後漢でも、同時期に疫病がはやった。おそらくローマと後漢を襲った疫病は同じもので、シルクロード交易を介して広まったのであろう。さらに一八九年には黄巾《こうきん》の乱が起こり、続く動乱の中で、後漢は二二〇年に滅亡することになる。西方でも、二二〇年代以後、パルティアとクシャーナ朝、そしてローマ帝国は、共に新たに興ったササン朝ペルシアの攻撃を受けた。その結果、パルティアは二二四年に滅び、クシャーナ朝は衰退し、ローマ帝国も二三五年からは動乱の軍人皇帝時代に入った。シルクロードの最初の繁栄の時代は終わりを迎えたのである。

このユーラシア規模での変動の背景には、気候変動が関係した可能性がある。ローマ帝国では、前二〇〇年ごろに始まった湿潤温暖で安定した「ローマ最良気候期」が、後一五〇年頃に終わり、寒冷化と乾燥化を特徴とする不安定な気候期が始まったのである。通説的に「アントニヌスの疫病」の正体とされる天然痘の伝染力は、冷涼、乾燥な状況でいっそう強まると言われている。またマルコマンニ戦争の原因は、バルト海南岸に居住したゴート人の南方への民族移動にあったが、ゴート人の民族移動を引き起こしたのも、おそらく気候変動による凶作などであろう。中国においても、同じく一五〇年頃から寒冷化と乾燥化の開始が認められる。しかし、この中にあって、ササン朝のみは興隆し、例外的な動きを示すが、それは、もともと温暖であったオリエント地方だけは、気候変動の影響を受けることが比較的少なかったからであるとの見方もある。

そして、このようなユーラシア規模の変動の一端であったマルコマンニ戦争を期に、アウグストゥス以来のローマ軍の体制は次第に変容を余儀なくされていった。その変容の過程は、プロ化のさらなる進展であった。

確かに、アウグストゥスが創り上げたローマ帝国の軍隊は、共和政期のそれとは異なり、職業軍人を主体とした常備軍であったので、既にプロの軍ではあった。しかし、そのプロ化は徹底しておらず、多分にアマチュアリズムを残していた。

というのも、アウグストゥスの軍事体制下で、軍の司令官を務めたのは、軍事のプロとは言い難い元老院議員であり、職業軍人ではなかった。さらに、属州の軍を指揮した属州総督は、軍政と民政の両方を担当しており、その指揮下の兵士たちも、平時には、総督府の下僚をはじめとする、純然たる軍務以外の様々な業務に多く就いていたのである。また、アウグストゥスは、市民を軍務から遠ざけるという政治的意図から軍の大部分をイタリアから離れた辺境の属州に配備し、自身の足下には近衛隊などのわずかな兵力を除いて置くことはなかった。「ローマの平和」の中で、ローマ軍は専ら攻撃体制をとっていればよかったことも、この体制の維持に寄与していた。しかし、帝国、あるいは皇帝自身の防衛のことを考えるならば、皇帝の下に非常時に即応できる常設の機動軍が必要であったはずである。にもかかわらず、アウグストゥスは、政治的配慮を優先させて、機動軍を保有しなかった。この意味においても、アウグストウスは、軍事のプロフェッショナリズムに徹してはいなかったのである。

アウグストゥスの軍事体制に見られるアマチュアリズムの残滓は、マルクス・アウレリウス帝治世に始まる軍司令官レベルにおけるプロフェッショナリズムの導入、ウァレリアヌス帝による機動軍の創設とプロフェッショナリズムの徹底、さらにディオクレティアヌス帝時代における軍政と民政の分離を通じて修正されていった。そうして、遅くともコンスタンティヌス帝期には、プロの兵士から成る軍は、プロの軍人が指揮し、また機動軍と辺境防衛軍による二段構えの防衛体制が取られ、特に機動軍の兵士には、文官的業務から外れて、軍務に専心する環境が整えられるようになった。

このような軍のプロ化は、兵士の増員を伴っただけでなく、兵士に代わる文官職の設置により、人件費の大幅な増大につながったが、これは二世紀半ば以後のシルクロード交易の衰退に伴う帝国の税収の低下にまったく逆行する行為だった。金繰りに苦しんだ帝国は、給与支払いのために劣悪な貨幣を発行せざるを得なくなり、これが激しいインフレを引き起こした。そして、ついには貨幣経済そのものが破綻し、ディオクレティアヌス帝の治世には、軍への必要物資や給与の多くは現物での支払いとなったが、それでも帝国は、プロフェッショナリズムに基づく軍事体制の維持に努めた。

しかし、この軍事体制は、必ずしも軍事力の強化にはつながらなかったように思われる。

機動軍は、辺境に駐屯した軍の精兵を引き抜いて出来上がっていたため、まず辺境の軍が弱体化した。このためディオクレティアヌス帝は、大規模にその兵力を増員したが、しかし既存の弱兵が、短期間に多数入ってきた、それも徴兵されて士気の上がらない新兵に十分な訓練を行き届かせるのは難しかったであろう。兵力の増強は、いっそう辺境防衛軍全体の軍事力を低下させてしまったに違いない。

一方の機動軍は精強であったが、四世紀半ば以後は各方面に分散しておかれたため、個々の機動軍の規模は小さくなった。加えて機動軍は、実質的な戦闘部隊として、特に内戦において激しい損傷をしばしば被った。結果的に機動軍も、辺境防衛軍と同様、やはりそれなりの規模の兵力の補充とこれに起因する訓練不足、軍紀の乱れによる質の低下は避けがたかったであろう。

ユーラシアン・インパクトがもたらした同盟部族軍への依存

このような状態にあったローマ軍を最終的な解体に追い込むことになったゲルマン民族の大移動も、ユーラシア規模の変動がもたらした出来事であった。それは、東方の騎馬遊牧民フン人の西進である。そして、このフン人の西進にもまた気候変動が関係していたようである。三三八年から三七七年の期間において中央アジアは、過去二〇〇〇年間で最悪の旱魃を経験しており、これがフン人の西進を引き起こす大きな要因となったと考えられているのである。フン人の西進は、その西隣にいたアラン人とゴート人を玉突き状に動かし、ローマ領内に入ったゴート人は、三七八年にアドリアノープルの戦いで東方の機動軍を撃破した。敗戦後の対応に当たったテオドシウス帝は、何とか機動軍を再建して事態収拾に当たったが、ゴート人を殲滅することも、領土外に撃退することもできず、結局、彼らを同盟部族として帝国内に受け入れざるをえなかった。このことからも分かるように、再建された機動軍は満足のいくものではなかった。そのため、テオドシウス帝は、この後に起こった二度の内戦では、同盟部族となったゴート人、さらにはフン人やアラン人らの異民族を大規模に活用するようになった。

これらの異民族は、平生から狩猟や部族間抗争に明け暮れている戦士部族であったので、即戦力であった。彼らを利用すれば、帝国民を徴兵して、一から訓練する手間を省くことができたからである。オロシウスが述べていたように、彼らが仮に戦場で損傷しても、潜在的な敵の削減につながったので、まさに一石二鳥であった。そして、なによりも軍事費の節約となった。同盟部族軍には、土地、あるいは一時的な金銭の支払いに応じればよく、常備軍とは異なって、平時の給与や退職金などの維持費が全くかからなかったからである。軍事学者ウェゲティウスのように、ローマ軍の強さをその練度に認めて、結局は、「自国民に武芸を教え込むほうが、外国人を金で雇うよりも、より安上がりなのだ」(『軍事論』第一巻二八)と主張する者もいたが、この提案が実現されることはなかった。

ユーラシア規模の衝撃で最初に損傷を被ったのは、東方の機動軍であったが、二度の内戦で西方の機動軍も損傷を被り、結局は、東方と同じく、同盟部族軍に頼らざるを得なくなっていった。

そして、西ローマ帝国における同盟部族軍への依存は、フン人のさらなる西進によって、いっそう高まることになった。

三七〇年代の最初の西進では、フン人の大部分はヴォルガ川とドン川の辺りに留まっていたようであるが、三九五年頃に、この東方に留まっていた本体ともいえるフン人が西進して、ドナウ川中流域にまで進出して来た。この第二次のフン人の西進によって、今度は、ヴァンダル、アラン、スエビらの諸族が圧迫された。彼らは四〇六年にライン川を押し渡り、西方の諸属州になだれ込んだ。ガリアは荒廃し、四一〇年代にはブリテン島とヒスパニアが失われ、続いてゴート人とブルグンド人、フランク人らが同盟部族としてガリア各地に定着した。致命的であったのは、四三〇年代に北アフリカの諸属州をヴァンダル人に奪われたことであった。こうして西ローマ帝国は、ユーラシアからの衝撃で、常備軍を維持するための最後の財源となる諸属州すら喪失してしまったのである。アエティウスの率いた軍が機動軍ではなく、ほとんど同盟部族軍になっていたのは、フン人の第二次の西進に起因した財政難のためであったのだろう。

しかし、同盟部族軍の活用は、見方によっては、ローマ帝国がユーラシア規模での民族移動の波の一部を、軍事的に柔軟に吸収したものとしてポジティブに捉えることも可能である。これによって、ローマ帝国が延命したこともまた疑いない事実なのである。

機動軍が容易に同盟部族軍に取って代わられたのは、単に財政難のためだけではなく、機動軍そのものの性格も関係していた。アウグストゥスは、内乱の終結後、意図的に兵士と市民の距離を取らせたが、このことは、軍が市民から離れた特殊な集団になることも意味していた。ウァレリアヌス帝以後は、軍を兵卒上がりの人間が率いるようになったことで、軍に元老院議員や伝統的な騎士などの外部の血が入ることもなくなり、市民社会からは離れた。ディオクレティアヌス帝以後の軍政と民政の分離はこの傾向をいっそう推し進め、分けても機動軍は、特殊な戦闘集団として市民社会から完全に浮き上がった存在となっていった。機動軍か、同盟部族軍かは、戦闘能力さえ等しければ、もはやどちらでもよかったと言っても過言ではない。そのうえ、西ローマ帝国においては、四世紀末以後、機動軍は、中央歩兵軍司令官の指揮下に置かれたことで、皇帝の統御からも外れてしまったのである。

同盟部族軍としてローマ軍に吸収された異民族は、四〇八年のスティリコの死後に起こった彼らの虐殺事件が明瞭に示すように、その家族と共に、民家に分散して宿泊した。このような形で、同盟部族軍という異民族が大量に流入してきたにもかかわらず、不思議なことに、ローマ帝国内では、レジスタンスのような抵抗運動が起こらなかった。その理由は、ローマ帝国の住人が機動軍の存在によって、軍隊の分散宿泊に慣らされてきたからであろう。繰り返し述べてきたように、機動軍は、固有の駐屯地を持たず、滞在先の諸都市に分散宿泊しており、さらに、その実態から言えば、三分の一が異民族であった。ローマ帝国の住民にとっては、同盟部族軍は、機動軍とほとんど変わるところがなかったのである。逆説的ではあるが、ローマ帝国を異民族から防衛するはずの機動軍が市民から遊離したことで、西ヨーロッパ社会のゲルマン化を容易にする道を開いてしまっていたのであった。

東ローマ帝国はなぜ生き延びたのか？

では、軍のプロ化という点では違いのなかった東ローマ帝国は、なぜ生き延びることができたのであろうか。

最大の要因は、地勢上、その領土への異民族の侵入が限定的であったことである。東ローマでは、領内に移住を求めてくるような民族は、ドナウ川流域にしかおらず、たとえドナウ川を越えてこれらの民族がバルカン半島に入ったとしても、都のコンスタンティノープルを攻略しなければ、その向こうに広がる小アジアやシリア、エジプトなどへは侵入することができなかったからである。

コンスタンティノープルは、三方を海に囲まれた都市で、ヨーロッパ大陸に面した一方はテオドシウス二世の時代(四〇八～四五〇年)に堅固な城壁が築かれていたため(図6-2)、海軍も攻城技術ももたないゴート人やフン人のようなドナウ川流域の異民族には、これを攻略することはとうてい不可能であった。したがって、東ローマ帝国では、異民族の侵入はバルカン半島内に抑え込むことができたのであり、西ローマのように、その領土の大部分を、異民族に占拠されるような事態は起こり得なかったのである。保全された小アジア以東の領土は、兵員の供給先としても財源としても豊かであった。小アジアのイサウリア地方は、精強な兵の供給地であったし、エジプトは古代世界最大の穀倉地帯であった。その結果、同盟部族軍への依存は一過性のもので済み、いわば自国軍を維持できたのである。前期ローマ帝国の時代に軍事費を大いに賄ったと思われるシルクロード交易も、三世紀の後半に一時どん底になったものの、四世紀には次第に回復しており、東ローマの富強を支えるようになっていた。

図6-2　テオドシウス2世の城壁(トルコ，イスタンブル)

要するに、東ローマ帝国は、ユーラシア規模の影響を軍事的には最低限に、そして、経済的には最大限に生かすことができる位置にあったのである。対する西ローマ帝国の位置は、その全く逆であった。

ローマ帝国と地中海世界、そしてヘレニズム世界

このように見るならば、ローマ帝国は、東西でその性格が大きく異なっていたことが分かるだろう。しかし、東西のローマ帝国は、研究史上、地中海世界として一体の世界とみなされ、その東の端はパルティア、後にはササン朝と接したユーフラテス川に置かれてきた。果たして、本当にそうだったのだろうか。筆者は、現在のところ、歴史的に重要な境界線がユーフラテス川ではなく、東西のローマの境にあり、東ローマの地域は、西ローマの地域とではなく、むしろ東隣のパルティアやササン朝と一体のものとして捉えるべきではないかと考えるようになっている。

このことは、西部ユーラシアの歴史を長期的に俯瞰すると明瞭となる。

前五五〇年にイランの地に興ったアケメネス朝ペルシアは、西はバルカン半島中西部から東はインドに至るまでの地域を史上初めて統一した。この王朝は、前三三〇年にアレクサンドロス大王に率いられたマケドニアとギリシアの連合軍によって滅ぼされ、旧アケメネス朝の領土に、マケドニア、ギリシアの地を加えたヘレニズム世界が生み出された。

ヘレニズム世界は、アレクサンドロス大王の死後、政治的には分裂し、やがてその東半分を

パルティアが、西半分をローマ帝国が支配下に収めて、ユーフラテス川を挟んで対峙した。三世紀半ば以後、ローマ帝国では東西分裂の傾向が顕著になり、東ローマの地域が西ローマの地域から分離し始め、東ローマ＝ヘレニズム世界と西ローマの違いが露呈して来た。同じく、三世紀には、パルティアに代わって、ササン朝が興起する。このササン朝と東ローマは、三世紀にヘレニズム世界が生み出した双子の国家であり、その関係も密接であった。最終的に、両地域の統合を粗方成し遂げたのは、七世紀にアラビア半島から出現したイスラーム勢力であった。彼らは、ササン朝を滅ぼし、東ローマからシリア、エジプトを奪った。そして、これらの征服地は、ヘレニズム世界に他ならなかったのである。一方で、西ローマの地域は、イベリア半島を失いつつも、イスラーム勢力に飲み込まれることなく、別の歴史的世界としての位置を保ち続けた。

以上のような西部ユーラシアの歴史を踏まえると、地中海世界ではなく、ヘレニズム世界こそが本来一体性のある世界であったのであり、イタリア半島のヘレニズム世界外の存在であったローマが、ヘレニズム世界の西半分を支配していた時代のほうが、その歴史においては実は例外的な一時期であったと言えるのではないだろうか。そして、この例外を可能にしていた一つの重要な要素が、本書で取り上げた軍隊であったことは疑いないであろう。

あとがき

ローマ帝国へアプローチする道はいろいろあるが、軍はそのもっとも捷径なものの一つであろう。しかし、その軍のあり方を研究する軍事史研究は、軍事全般に対する忌避感が戦後長らく強かったわが国においては、熱心になされてきたわけではない。

私個人に関しては、研究の出発点が三世紀の軍人皇帝時代であったため、数少ない軍事史の専門とみなされるかもしれないが、そのようには自己認識していない。以前に、山川出版社編『歴史と地理』(六一九号、二〇〇八年)に、ローマ軍事史研究についての一文を求められた時に、「軍制史と政治史の間で――軍人皇帝時代の研究」という、真正面から軍事史を扱うことを避けた原稿を出したことがある。それは実際問題として、私は軍事史が専門ではなく、あくまでも政治史を理解するための背景として軍事史を勉強して来たにすぎなかったからであるが、一方で、軍事史の専門家とみなされたくないという意識があったことも否定できない。

その最大の理由は、軍はもちろんのこと、幸いにして戦争も経験しなかった私のような人間に、軍事史を本当に理解することは難しいのではないかと感じていたからである。このような感覚は、私だけではないようで、日本を代表するローマ史家のひとりであった吉村忠典氏は、『軍事史学』(一四五号、二〇〇一年)の特集「古代ローマ軍事史研究の最前線」の巻頭言「なりそこないの野砲手の弁」において、次のような感想をもらしている。

「これまで歴史に登場したプロの「戦争師」たちは、戦争の各局面で幾多の「プロならでは」の判断を下しただろう。だが、僕のような一介の書生には——ローマ史を専攻しているのだが——大抵の場合にそのようなプロの戦術師の「専門的」な選択を書物を読んでも理解できず、やっと戦争が政治・外交と交錯し始めるあたりから、おぼろげながらある種の判断力が働きはじめる。つまり、戦争そのものはよく分からない。……それでも僕は、軍事史専門ではなく、戦場も戦闘も分かっていない感じが強くする」。

一九二五年の大正時代の生まれで、中学から大学までは授業で軍事教練があり、学徒動員で軍に入り、わずか二カ月とはいえ、実際の軍に身を置いた吉村氏ですら、多分に謙遜はあるだろうが、こうである。戦後生まれの私が軍や戦争が分かりそうにもないと言うのも、納得していただけるであろう。

『ローマ帝国衰亡史』の著者エドワード・ギボンも、一七六〇年、二三歳の時に国民軍に入って、実戦こそ経験しなかったものの、二年半の間、軍隊生活を送っている。後年、ギボンは、その『自伝』において「国民軍に負う主要な恩義」として、「私をイギリス人と兵士に仕立て上げたこと」を挙げ、軍務を通して「否応なしに我が国の指導者連中の性格や政党の現状、官庁内の形式、我が文民と軍事の体制の機能に直接触れる機会」があり、また「用兵学の学理の基礎用語を習得」したと回顧した。軍務は「ローマ帝国の史家にとっても必ずしも無益無用ではなかった」のである(『ギボン自伝』中野好之訳、ちくま学芸文庫、一九九九年、一七九頁)。実際、ギボンは、その著書において軍事制度や政治との関連については大きな関心を寄せ、ローマ帝国の衰亡との関わりを随所で指摘している。

軍隊経験から何を得るのかは人それぞれであるが、結局、私自身は、吉村氏と同じように、と言うのもおこがましいが、「やっと戦争が政治・外交と交錯し始めるあたりから」ようやく、何か分かりそうな気がしてくるにすぎない。そのため、岩波書店編集部の杉田守康氏からローマ軍兵士をテーマにした新書を依頼された時には多少の戸惑いがあった。しかし、軍がローマ帝国の核心であることは確かであるので、軍を切り口にローマ帝国について考えてみるのも面白いだろうと思い直して、書き上げたのが本書である。したがって、序章でも述べたように、本書は軍事史の本ではない。あくまでも、軍事史を通して見たローマ帝国史である。もちろん、この発言は、本当は軍事史が書きたいが書けないのでお茶を濁しているのではなく、私の関心が世界史のなかでローマ帝国がどのような位置を占める、あるいは意義のある国家であったのかにあり、この点を考える手段として軍事史があるという意味なのである。

ローマ史を専門にしながらも、私は東洋史学者の宮崎市定氏の著作に親しみ、折りに触れてこれまでのローマ史の著作においても言及してきた。ついには評伝すら書いたため、さすがにそろそろ宮崎氏の名前の出てこないローマ史の本を書こうと思ったが、今回も本文中ではその名を挙げなかったものの結局は、宮崎氏に教えられた。

別の仕事の関係で、宮崎氏の著作を読み返していたところ、宋の軍隊について「仁宗の時代先ず北中国において軍人が叛乱を起す傾向が現れた。これは一時に多くの軍人を徴募したので素質が低下した上に、訓練が行き届かないで軍紀が乱れた為である」(「北宋史概説」『宮崎市定全集一〇　宋』岩波書店、一九九二年、二一頁)、あるいは「懦弱なる軍隊をもって外敵に当るには、その数を増加して士気を鼓舞する外に道がない。かくて宋の禁軍数は、事ある毎に増加して底止するところを知らなかった。……宋は国初より八、九十年にして禁軍八十余万を擁するに至った。これは必ずしも現実に八十万の軍隊が存在したことを意味しない。軍制の弛廃せるときには、検閲の際だけ駆り集めらるる幽霊軍士が屢々存在するものである。併し朝廷より八十万人分の軍需費を支払わねばならなかったことは厳然たる事実であった」(『東洋における素朴主義の民族と文明主義の社会』『宮崎市定全集二　東洋史』岩波書店、一九九二年、九五頁)と書かれている箇所に突き当たった。これはまさに後期ローマ帝国の辺境防衛軍の話のようである。本文で述べたように、近年の研究は、辺境防衛軍についての否定的な評価を改める傾向にあるが、帝国の滅亡を考えると、実はつじつまが合わなくなるのであり、どう評価すべきか悩んでいたところで、この宮崎氏の健全な常識に裏打ちされた見方に接することになり、本書で応用することになったのである。

末筆ながら、原稿の段階で拙稿に目を通し、貴重な意見を寄せてくれた早稲田大学非常勤講師の糸隆太氏、また本書執筆の機会を与えていただき、懇切なご指摘を数多く頂いた杉田守康氏には心から御礼申し上げたい。杉田氏は、私が筑波大学在職時にたいへん親しくしていただいた故木村和男先生のご著書『毛皮交易が創る世界——ハドソン湾からユーラシアへ』の担当編集者でもあり、奇縁を感じざるをえなかった。

令和四年八月九日

井上文則

主要参考文献

古典史料（本文中の引用文は、左記の翻訳を利用した）

アエリウス・スパルティアヌス他『ローマ皇帝群像』一～四、南川高志・桑山由文・井上文則訳、京都大学学術出版会、二〇〇四～二〇一四年。

アンミアヌス・マルケリヌス『ローマ帝政の歴史一　ユリアヌス登場』山沢孝至訳、京都大学学術出版会、二〇一七年。

カエサル『ガリア戦記』国原吉之助訳、講談社、一九九四年。

ストラボン『ギリシア・ローマ世界地誌』一～二、飯尾都人訳、龍渓書舎、一九九四年。

タキトゥス『年代記』上・下、国原吉之助訳、岩波書店、一九八一年。

同『同時代史』国原吉之助訳、筑摩書房、一九九六年。

同『ゲルマニア　アグリコラ』国原吉之助訳、筑摩書房、一九九六年。

プルタルコス『英雄伝』一～六、柳沼重剛・城江良和訳、京都大学学術出版会、二〇〇七～二〇二一年。

ポリュビオス『歴史』一～四、城江良和訳、京都大学学術出版会、二〇〇四～二〇一三年。

ポンペイウス・トログス著、ユニアヌス・ユスティヌス抄録『地中海世界史』合阪學訳、京都大学学術出版会、一九九八年。

ヨセフス『ユダヤ戦記』一～三、秦剛平訳、筑摩書房、二〇〇二年。

全体に関するもの

クーロン、G／J－C・ゴルヴァン『古代ローマ軍の土木技術』大清水裕訳、マール社、二〇二二年。
軍事史学会編『軍事史学』第三七第一号「特集 古代ローマ軍事史研究の最前線」、二〇〇一年。
同編『軍事史学』第五四巻第二号「特集 古代ローマ軍事史研究の最前線Ⅱ」、二〇一八年。
ケリー、C『ローマ帝国』藤井崇訳、岩波書店、二〇一〇年。
ゴールズワーシー、A『図説 古代ローマの戦い』遠藤利国訳、東洋書林、二〇〇三年。
同『古代ローマ軍団大百科』池田裕・古畑正富・池田太郎訳、東洋書林、二〇〇五年。
同『古代ローマ名将列伝』阪本浩訳、白水社、二〇二〇年。
サイドボトム、H『ギリシャ・ローマの戦争』吉村忠典・澤田典子訳、岩波書店、二〇〇六年。
Alston, R., *Soldier and Society in Roman Egypt: A Social History*, London and New York, 1995.
Bishop, M. C. and J. C. N. Coulston, *Roman Military Equipment from the Punic Wars to the Fall of Rome*, Second Edition, Oxford, 2006.
Campbell, B., *The Roman Army, 31 BC–AD 337: A Sourcebook*, New York and London, 1994.
Erdkamp, P. (ed.), *A Companion to the Roman Army*, Oxford, 2007.
Harris, W. V., *Roman Power: A Thousand Years of Empire*, Cambridge, 2016.
Isaac, B., *The Limits of Empire: The Roman Army in the East*, Revised Edition, Oxford, 1992.
Le Bohec, Y. (ed.), *The Encyclopedia of the Roman Army*, 3 vols, Chichester, 2015.
Pollard, N., *Soldiers, Cities, and Civilians in Roman Syria*, Ann Arbor, 2000.

Id., "The Roman Army", *A Companion to the Roman Empire*, ed. by D. S. Potter, Malden, 2006.
Rich, J. and G. Shipley (eds.), *War and Society in the Roman World*, New York and London, 1995.
Sabin, P., H. van Wees and M. Whitby (eds.), *The Cambridge History of Greek and Roman Warfare*, Vol. 2: *Rome from the Late Republic to the Late Empire*, Cambridge, 2007.

序　章

青柳正規『皇帝たちの都ローマ――都市に刻まれた権力者像』中央公論社、一九九二年。

サトクリフ、R『第九軍団のワシ』猪熊葉子訳、岩波書店、二〇〇七年。

同『銀の枝』猪熊葉子訳、岩波書店、二〇〇七年。

同『ともしびをかかげて』上・下、猪熊葉子訳、岩波書店、二〇〇八年。

杉本智俊『図説 新約聖書の考古学』河出書房新社、二〇二一年。

『聖書』新共同訳、日本聖書協会、一九八七年。

ホプキンス、K『古代ローマ人と死』高木正朗・永都軍三訳、晃洋書房、一九九六年。

ミラー、F「紀元六六年、一三二年のユダヤ人反乱とローマ帝国」桑山由文訳、『西洋史学』第一九八巻、二〇〇〇年。

本村凌二編著『ラテン語碑文で楽しむ古代ローマ』研究社、二〇一一年。

第一章

青木健『ペルシア帝国』講談社、二〇二〇年。

安藤弘『古代ギリシアの市民戦士』三省堂、一九八三年。

アンジェラ、A『古代ローマ人の二四時間――よみがえる帝都ローマの民衆生活』関口英子訳、河出書房新社、二〇一〇年。

大牟田章「ギリシアの軍事組織」石母田正他編『古代史講座』第五巻、学生社、一九六二年。

大類伸監修『シーザーとローマ帝国――世界帝国の建設』人物往来社、一九六六年。

愛宕元・富谷至編『新版 中国の歴史(上) 古代―中世』昭和堂、二〇〇九年。

小池和子『カエサル――内戦の時代を駆けぬけた政治家』岩波書店、二〇二〇年。

笹山晴生『古代国家と軍隊――皇軍と私兵の系譜』講談社、二〇〇四年。

澤田典子『アレクサンドロス大王――今に生きつづける「偉大なる王」』山川出版社、二〇一三年。

澁谷由里『〈軍〉の中国史』講談社、二〇一七年。

野田嶺志『防人と衛士――律令国家の兵士』教育社、一九八〇年。

藤井崇「ローマ共和政中期における市民と軍務」『西洋古代史研究』第二号、二〇〇二年。

ブライケン、J『ローマの共和政』村上淳一・石井紫郎訳、山川出版社、一九八四年。

松本宣郎編『世界歴史大系 イタリア史一 古代・初期中世』山川出版社、二〇二一年。

村川堅太郎「市民と武器――古典古代の場合」『村川堅太郎古代史論集II』岩波書店、一九八七年。

森谷公俊『アレクサンドロスの征服と神話』講談社、二〇〇七年。

師尾晶子「記憶の継承の場としてのエフェベイア」周藤芳幸編『古代地中海世界と文化的記憶』山川出版社、二〇二二年。

吉村忠典編『ローマ人の戦争――名将ハンニバルとカエサルの軍隊』講談社、一九八五年。

Brosius, M., *The Persians: An Introduction*, London and New York, 2006.
Harris, W. V., *War and Imperialism in Republican Rome 327-70 B.C.*, Oxford, 1979.
Keppie, L., *The Making of the Roman Army: from Republic to Empire*, Norman, 1998.
Sage, M. M., *The Republican Roman Army: A Sourcebook*, New York and London, 2008.
Watson, G. R., "The Army of the Republic", *The Roman World*, ed. by J. Wacher, London and New York, 2002.

第二章

クナップ、R『古代ローマの庶民たち——歴史からこぼれ落ちた人々の生活』西村昌洋監訳、増永理考・山下孝輔訳、白水社、二〇一五年。

桑山由文「二世紀ローマ帝国の東方支配」『西洋古代史研究』第四号、二〇〇四年。

同「辺境のローマ軍——元首政期ローマ帝国と周辺世界」服部良久・南川高志・山辺規子編著『大学で学ぶ西洋史〔古代・中世〕』ミネルヴァ書房、二〇〇六年。

柴野浩樹「元首政期のローマ軍制におけるプリンキパレスとインムネス」『史苑』第六五巻第一号、二〇〇四年。

新保良明『古代ローマの帝国官僚と行政——小さな政府と都市』ミネルヴァ書房、二〇一六年。

南川高志『ローマ皇帝とその時代——元首政期ローマ帝国政治史の研究』創文社、一九九五年。

同『海のかなたのローマ帝国——古代ローマとブリテン島』増補新版、岩波書店、二〇一五年。

弓削達「総督としてのプリニウス(小)」秀村欣二・久保正彰・荒井献編『古典古代における伝承と伝記』

岩波書店、一九七五年。

Anderson, A. S., “The Imperial Army”, *The Roman World*, ed. by J. Wacher, London and New York, 2002.

Austin, N. J. E. and N. B. Rankov, *Exploratio: Military and Political Intelligence in the Roman World from the Second Punic War to the Battle of Adrianople*, London and New York, 1995.

Bowman, A. K., *Life and Letters on the Roman Frontier: Vindolanda and its People*, London, 1994.

Breeze, D. J., “The Organization of the Career Structure of the Immunes and Principales of the Roman Army”, *Bonner Jahrbücher*, 174, 1974.

Breeze, D. J. and B. Dobson, *Hadrian's Wall,* Third Edition, London, 1991.

Campbell, B., *War and Society in Imperial Rome 31 BC–AD 284*, London and New York, 2002.

Cheesman, G. L., *The Auxilia of the Roman Imperial Army*, Oxford, 1914.

Domaszewski, A. von, *Die Rangordnung des römischen Heeres*, Einführung, Berichtigungen und nachtrage von B. Dobson, 3. unveranderte Aufl., Böhlau, 1981.

Fink, R. O., *Roman Military Records on Papyrus,* New Haven, 1971.

Hassall, M., “The Army”, *The Cambridge Ancient History*, Vol. 11: *The High Empire, AD 70–192*, ed. by A. K. Bowman, P. Garnsey, and D. Rathbone, Second Edition, Cambridge, 2000.

Jones, A. H. M., “The Roman Civil Service, Clerical and Sub-Clerical Grades”, *The Journal of Roman Studies*, 39, 1949.

Le Bohec, Y., *The Imperial Roman Army*, translated by R. Bate, London, 1994.

Luttwak, E. N., *The Grand Strategy of the Roman Empire: From the First Century A.D. to the Third*, Baltimore

and London, 1976.
Parker, H. M. D., *The Roman Legions*, Oxford, 1928.
Watson, G. R., *The Roman Soldier*, London, 1969.
Webster, G., *The Roman Imperial Army of the First and Second Centuries A.D.*, Third Edition, Norman, 1998.

第三〜五章

合阪學「エウギッピウス『聖セウェリーヌス伝』の研究」『大阪大学文学部紀要』三〇、一九九〇年。

市川雅俊「専制君主政成立期における軍政・民政分離の一断面――Primipilus 職の変化と軍用食糧」『史学雑誌』第九〇巻二号、一九八一年。

同「ローマ帝国と軍隊」弓削達・伊藤貞夫編『ギリシアとローマ――古典古代の比較史的考察』河出書房新社、一九八八年。

井上文則『軍人皇帝時代の研究――ローマ帝国の変容』岩波書店、二〇〇八年。

同「三世紀におけるゴート人の侵入」『西洋古代史研究』第一三号、二〇一三年。

同『軍人皇帝のローマ――変貌する元老院と帝国の衰亡』講談社、二〇一五年。

佐藤彰一『ポスト・ローマ期フランク史の研究』岩波書店、二〇〇〇年。

柴野浩樹「元首政期の小アジアにおけるローマ軍兵士――属州民の嘆願碑文を手がかりとして」『西洋古典学研究』五〇、二〇〇二年。

同「後期ローマ帝国成立期における属州総督のオフィキウム――いわゆる軍政民政分離の過程において」『歴史』一〇三、二〇〇四年。

南雲泰輔『ローマ帝国の東西分裂』岩波書店、二〇一六年。
南川高志「ローマ皇帝政治の進展と貴族社会」『岩波講座世界歴史四　地中海世界と古典文明』岩波書店、一九九八年。
同『新・ローマ帝国衰亡史』岩波書店、二〇一三年。
同『ユリアヌス――逸脱のローマ皇帝』山川出版社、二〇一五年。
同編『歴史の転換期二　三七八年――失われた古代帝国の秩序』山川出版社、二〇一八年。
同『マルクス・アウレリウス――『自省録』のローマ帝国』岩波書店、二〇二二年。
弓削達『ローマ帝国の国家と社会』岩波書店、一九六四年。
渡辺金一『コンスタンティノープル千年――革命劇場』岩波書店、一九八五年。
Birley, A., *Marcus Aurelius: A Biography*, Revised Edition, London, 1987.
Cameron, A., *Claudian: Poetry and Propaganda at the Court of Honorius*, Oxford, 1970.
Campbell, B., "The Army", *The Cambridge Ancient History*, Vol. 12: *The Crisis of Empire, AD 193–337*, ed. by A. Bowman, A. Cameron, and P. Garnsey, Second Edition, Cambridge, 2005.
Collins, R., *Early Medieval Europe 300–1000*, Second Edition, New York, 1999.
Dignas, B. and E. Winter, *Rome and Persia in Late Antiquity: Neighbours and Rivals*, Cambridge, 2007.
Drew-Bear, T., "Les voyages d'Aurélius Gaius, soldat de Dioclétien", *La géographie administrative et politique d'Alexandre à Mahomet*, Strasbourg, 1979.
Elton, H., *Warfare in Roman Europe: AD 350–425*, Oxford, 1996.
Id., *The Roman Empire in Late Antiquity: A Political and Military History*, Cambridge, 2018.

Ferrill, A., *The Fall of the Roman Empire: The Military Explanation*, London, 1986.

Goffart, W., *Barbarians and Romans A.D. 418–584: The Techniques of Accommodation*, Princeton, 1980.

Grosse, R., *Römische Militärgeschichte von Gallienus bis zum Beginn der byzantinischen Themenverfassung*, Berlin, 1920.

Heather, P., *Goths and Romans 332–489*, Oxford, 1991.

Id., "The Huns and the End of the Roman Empire in Western Europe", *The English Historical Review*, 110, 1995.

Id., *The Fall of the Roman Empire: A New History of Rome and the Barbarians*, Oxford, 2006.

Hoffmann, D., *Das spätrömische Bewegungsheer und die Notitia Dignitatum*, 2 vols, Düsseldorf, 1969.

Isaac, B., "The Meaning of the Terms Limes and Limitanei", *The Journal of Roman Studies*, 78, 1988.

Jones, A. H. M., *The Later Roman Empire 284–602: A Social, Economic, and Administrative Survey*, 3 vols, Oxford, 1964.

Le Bohec, Y., *L'armée romaine sous le Bas-Empire*, Paris, 2006.

Lee, A. D., "The Army", *The Cambridge Ancient History,* vol. 13: *The Late Empire, AD 337–425*, ed. by A. Cameron and P. Garnsey, Cambridge, 1998.

Id., *War in Late Antiquity: A Social History*, Oxford, 2007.

Liebeschuetz, J. H. W. G., *Barbarians and Bishops: Army, Church, and State in the Age of Arcadius and Chrysostom*, Oxford, 1990.

Id., "The End of the Roman Army in the Western Empire", *War and Society in the Roman World*, ed. by J.

Rich and G. Shipley, London and New York, 1995.

MacMullen, R., *Soldier and Civilian in the Later Roman Empire*, Cambridge, Mass., 1963.

MacGeorge, P., *Later Roman Warlords*, Oxford, 2002.

Mann, J. C., "Power, Force and the Frontiers of the Empire", *The Journal of Roman Studies*, 69, 1979.

Moorhead, J., *Theoderic in Italy*, Oxford, 1992.

Nicasie, M., *Twilight of Empire: The Roman Army from the Reign of Diocletian until the Battle of Adrianople*, Leiden, 1998.

Richardot, P., *La fin de l'armée romaine 284–476*, Paris, 2005.

Seston, W., "Du *comitatus* de Dioclétien aux *Comitatenses* de Constantin", *Historia*, 4, 1955.

Smith, R. E., "The Army Reform of Septimius Severus", *Historia*, 21, 1972.

Southern, P. and K. R. Dixon, *The Late Roman Army*, London and New York, 2000.

Syme, R., *Emperors and Biography: Studies in the Historia Augusta*, Oxford, 1971.

Thompson, E. A., *The Early Germans*, Oxford, 1965.

Tomlin, R. S. O., "Seniores-Iuniores in the Late Roman Field Army", *The American Journal of Philology*, 93, 1972.

Id., "The Legions in the Late Empire", *Roman Fortresses and their Legions*, ed. by R. J. Brewer, London, 2000.

Id., "The Army of the Later Roman Empire", *The Roman World*, ed. by J. Wacher, London and New York, 2002.

Id., "A. H. M. Jones and the Army of the Fourth Century", *A. H. M. Jones and the Later Roman Empire*, ed. by D. M. Gwynn, Leiden and Boston, 2008.

Treadgold, W., *Byzantium and its Army, 284–1081*, Stanford, 1995.

van Berchem, D., *L'armée de Dioclétien et la réforme constantinienne*, Paris, 1952.

終章

ウォード＝パーキンズ、B『ローマ帝国の崩壊――文明が終わるということ』南雲泰輔訳、白水社、二〇一四年。

井上文則『シルクロードとローマ帝国の興亡』文藝春秋、二〇二一年。

同「三世紀の危機とシルクロード交易の盛衰」『岩波講座世界歴史三　ローマ帝国と西アジア』岩波書店、二〇二一年。

岡本隆司『世界史序説――アジア史から一望する』筑摩書房、二〇一八年。

小谷仲男『大月氏――中央アジアに謎の民族を尋ねて』東方書店、一九九九年。

佐川英治「魏晋南北朝時代の気候変動に関する初歩的考察」『岡山大学文学部プロジェクト研究報告書』第一一号、二〇〇八年。

Duncan-Jones, R., *Money and Government in the Roman Empire*, Cambridge, 1994.

Harper, K., *The Fate of Rome: Climate, Disease and the End of an Empire*, Princeton and Oxford, 2017.

図版出典一覧

序章扉，第 1 章扉，第 2 章扉，第 3 章扉，図 3-3，図 3-7，図 6-2……123RF

図 0-1，図 2-1，図 2-2……J. B. Campbell, *War and Society in Imperial Rome 31BC-AD284*, London and New York, 2002, p. 20, p. 19, p. 20 を基に作成．

図 0-2……A. Leach, *Rome*, Cambridge, 2017, p. 68 を基に作成．

図 0-3，図 0-5，図 0-7……筆者撮影

図 0-4……萩野矢慶記/アフロ

図 0-6……Steve Vidler/アフロ

図 0-8……mauritius images/アフロ

図 1-1……wikimedia commons

図 1-2……L. Keppie, *The Making of the Roman Army: from Republic to Empire*, London, 1998, pl. 1.

図 1-3……吉村忠典編『ローマ人の戦争――名将ハンニバルとカエサルの軍隊』講談社，1985 年，131 頁を基に作成．

図 1-4……New Picture Library/アフロ

図 1-5，図 1-6……*Caesar's Gallic War*, reëdited by James B. Greenough, Benjamin L. D'Ooge, and M. Grant Daniell, Boston, 1898, fig. 103, fig. 92.

図 2-3，図 4-4……S. B. Matheson, *Dura-Europos: the Ancient City and the Yale Collection*, 1982, fig. 15 を基に作成．および fig. 14.

図 2-5……Alamy Stock Photo/amanaimages

図 2-6……A. K. Bowman, *Life and Letters on the Roman Frontier: Vindolanda and its People*, London, 1994, pl. IV.

図 3-1……A. スパルティアヌス他，井上文則訳『ローマ皇帝群像 4』京都大学学術出版会，2014 年．

図 3-2……Bridgeman Images/アフロ

図 3-4……The Granger Collection/amanaimages
図 3-5……*La zecca di Milano: atti del convegno internazionale di studio, Milano 9-14 maggio 1983*, Milano, 1984, p. 129.
図 3-8……Y. Le Bohec (ed.), *The Encyclopedia of the Roman Army*, vol. 3, Chichester, 2015, fig. 161 を基に作成.
第 4 章扉……B. M. di Dario, *La Notitia Dignitatum, immagini e simboli del Tardo Impero Romano*, Padova, 2005, p. 104.
図 4-1, 図 4-3, 図 4-5……P. Richardot, *La fin de l'armée romaine 284-476*, Paris, 2005, pl. 2, pl. 8, pl. 1.
図 4-2……S. Johnson, *Late Roman Fortifications*, Totowa, 1983, pl. 13.
図 5-1……M. Grant, *The Routledge Atlas of Classical History*, London, 1971, p. 89 を基に作成.
終章扉……K. G. Evers, *Worlds apart Trading Together: the Organisation of Long-Distance Trade between Rome and India in Antiquity*, Oxford, 2017, fig. 2.
図 6-1……『岩波講座世界歴史 3』岩波書店, 2021 年, 277 頁.

作図 前田茂実(図 0-1, 図 0-2, 図 1-3, 図 2-1, 図 2-2, 図 2-3, 図 2-4, 図 3-6, 図 3-8, 第 5 章扉, 図 5-1)

井上文則

1973年，京都府生まれ．2002年，京都大学大学院文学研究科博士後期課程修了，博士(文学)．筑波大学准教授などを経て，
現在－早稲田大学文学学術院教授
専攻－古代ローマ史
著書－『軍人皇帝時代の研究――ローマ帝国の変容』(岩波書店)
『軍人皇帝のローマ――変貌する元老院と帝国の衰亡』(講談社)
『天を相手にする――評伝宮崎市定』(国書刊行会)
『シルクロードとローマ帝国の興亡』(文藝春秋)

軍と兵士のローマ帝国　　岩波新書(新赤版)1967

2023年3月17日　第1刷発行

著　者　井上文則《いのうえふみのり》

発行者　坂本政謙

発行所　株式会社 岩波書店
〒101-8002 東京都千代田区一ツ橋2-5-5
案内 03-5210-4000　営業部 03-5210-4111
https://www.iwanami.co.jp/

新書編集部 03-5210-4054
https://www.iwanami.co.jp/sin/

印刷製本・法令印刷　カバー・半七印刷

ISBN 978-4-00-431967-2　　Printed in Japan

岩波新書新赤版一〇〇〇点に際して

ひとつの時代が終わったと言われて久しい。だが、その先にいかなる時代を展望するのか、私たちはその輪郭すら描きえていない。二〇世紀から持ち越した課題の多くは、未だ解決の緒を見つけることのできないままであり、二一世紀が新たに招きよせた問題も少なくない。グローバル資本主義の浸透、憎悪の連鎖、暴力の応酬——世界は混沌として深い不安の只中にある。

現代社会においては変化が常態となり、速さと新しさに絶対的な価値が与えられた。消費社会の深化と情報技術の革命は、種々の境界を無くし、人々の生活やコミュニケーションの様式を根底から変容させてきた。ライフスタイルは多様化し、一面では個人の生き方をそれぞれが選びとる時代が始まっている。同時に、新たな格差が生まれ、様々な次元での亀裂や分断が深まっている。社会や歴史に対する意識が揺らぎ、普遍的な理念に対する根本的な懐疑や、現実を変えることへの無力感がひそかに根を張りつつある。そして生きることに誰もが困難を覚える時代が到来している。

しかし、日常生活のそれぞれの場で、自由と民主主義を獲得し実践することを通じて、私たち自身がそうした閉塞を乗り超え、希望の時代の幕開けを告げてゆくことは不可能ではあるまい。そのために、いま求められていること——それは、個と個の間で開かれた対話を積み重ねながら、人間らしく生きることの条件について一人ひとりが粘り強く思考することではないか。その営みの糧となるものが、教養に外ならないと私たちは考える。歴史とは何か、よく生きるとはいかなることか、世界そして人間はどこへ向かうべきなのか——こうした根源的な問いとの格闘が、文化と知の厚みを作り出し、個人と社会を支える基盤としての教養となった。まさにそのような教養への道案内こそ、岩波新書が創刊以来、追求してきたことである。

岩波新書は、日中戦争下の一九三八年一一月に赤版として創刊された。創刊の辞は、道義の精神に則らない日本の行動を憂慮し、批判的精神と良心的行動の欠如を戒めつつ、現代人の現代的教養を刊行の目的とする、と謳っている。以後、青版、黄版、新赤版と装いを改めながら、合計二五〇〇点余りを世に問うてきた。そして、いままた新赤版が一〇〇〇点を迎えたのを機に、人間の理性と良心への信頼を再確認し、それに裏打ちされた文化を培っていく決意を込めて、新しい装丁のもとに再出発したいと思う。一冊一冊から吹き出す新風が一人でも多くの読者の許に届くこと、そして希望ある時代への想像力を豊かにかき立てることを切に願う。

（二〇〇六年四月）

岩波新書より

フランス史10講　柴田三千雄
地中海　樺山紘一
韓国現代史◆　文京洙
多神教と一神教　本村凌二
奇人と異才の中国史　井波律子
ドイツ史10講　坂井榮八郎
ナチ・ドイツと言語　宮田光雄
ニューヨーク◆　亀井俊介
離散するユダヤ人　小岸昭
アメリカ黒人の歴史〔新版〕　本田創造
ゴマの来た道　小林貞作
文化大革命と現代中国　安藤正士　太田勝洪　辻康吾
フットボールの社会史　F・P・マグーンJr　忍足欣四郎訳
コンスタンティノープル千年　渡辺金一
ペスト大流行　村上陽一郎
ピープス氏の秘められた日記　臼田昭
西部開拓史　猿谷要

中世ローマ帝国　渡辺金一
モロッコ　山田吉彦
シベリアに憑かれた人々　加藤九祚
インカ帝国　泉靖一
中国の隠者　富士正晴
漢の武帝◆　吉川幸次郎
孔子　貝塚茂樹
中国の歴史 上・中・下◆　貝塚茂樹
インドとイギリス　吉岡昭彦
フランス革命小史◆　河野健二
魔女狩り　森島恒雄
ヨーロッパとは何か　増田四郎
世界史概観 上・下　H・G・ウェルズ　長谷部文雄　阿部知二訳
歴史の進歩とはなにか◆　市井三郎
歴史とは何か　E・H・カー　清水幾太郎訳
チベット　多田等観
奉天三十年 上・下　クリスティー　矢内原忠雄訳
ドイツ戦歿学生の手紙　ヴィットコップ編　高橋健二訳

アラビアのロレンス 改訂版　中野好夫

シリーズ 中国の歴史

中華の成立 唐代まで　渡辺信一郎
江南の発展 南宋まで　丸橋充拓
草原の制覇 大モンゴルまで　古松崇志
陸海の交錯 明朝の興亡　檀上寛
「中国」の形成 現代への展望　岡本隆司

シリーズ 中国近現代史

清朝と近代世界 19世紀　吉澤誠一郎
近代国家への模索 1894-1925　川島真
革命とナショナリズム 1925-1945　石川禎浩
社会主義への挑戦 1945-1971　久保亨
開発主義の時代へ 1972-2014　高原明生　前田宏子
中国の近現代史をどう見るか　西村成雄

(2021.10)　◆は品切，電子書籍版あり．　(O2)

岩波新書より

シリーズ アメリカ合衆国史

岩波新書より

現代世界

ネルソン・マンデラ　堀内隆行
日韓関係史　木宮正史
文在寅時代の韓国　文京洙
アメリカ大統領選　久保文明／金成隆一
イスラームからヨーロッパをみる　内藤正典
アメリカの制裁外交　杉田弘毅
ルポ トランプ王国2　金成隆一
2100年の世界地図 アフラシアの時代　峯陽一
フォト・ドキュメンタリー 朝鮮に渡った「日本人妻」　林典子
サイバーセキュリティ　谷脇康彦
トランプのアメリカに住む　吉見俊哉
ライシテから読む現代フランス　伊達聖伸
ベルルスコーニの時代　村上信一郎
イスラーム主義　末近浩太
ルポ 不法移民 アメリカ国境を越えた男たち　田中研之輔

習近平の中国 百年の夢と現実　林望
日中漂流　毛里和子
中国のフロンティア　川島真
シリア情勢　青山弘之
ルポ トランプ王国　金成隆一
ルポ 難民追跡 バルカンルートを行く　坂口裕彦
アメリカ政治の壁　渡辺将人
プーチンとG8の終焉　佐藤親賢
香港 中国と向き合う自由都市　倉田徹／張彧暋
〈文化〉を捉え直す　渡辺靖
イスラーム圏で働く　桜井啓子編
中南海 知られざる中国の中枢　稲垣清
フォト・ドキュメンタリー 人間の尊厳　林典子
㈱貧困大国アメリカ　堤未果
女たちの韓流　山下英愛
新・現代アフリカ入門　勝俣誠
中国の市民社会　李妍焱
勝てないアメリカ　大治朋子

ブラジル 跳躍の軌跡　堀坂浩太郎
非アメリカを生きる　室謙二
ネット大国中国　遠藤誉
ジプシーを訪ねて　関口義人
中国エネルギー事情　郭四志
アメリカン・デモクラシーの逆説　渡辺靖
ユーラシア胎動　堀江則雄
オバマ演説集　三浦俊章編訳
ルポ 貧困大国アメリカII　堤未果
オバマは何を変えるか　砂田一郎
平和構築　東大作
ネイティブ・アメリカン　鎌田遵
アフリカ・レポート　松本仁一
ヴェトナム新時代　坪井善明
イラクは食べる　酒井啓子
ルポ 貧困大国アメリカ　堤未果
エビと日本人II　村井吉敬
北朝鮮は、いま　北朝鮮研究学会編／石坂浩一監訳

岩波新書より

欧州連合 統治の論理とゆくえ　庄司克宏
バチカン　郷富佐子
アメリカよ、美しく年をとれ　猿谷要
いま平和とは　最上敏樹
「民族浄化」を裁く　多谷千香子
サウジアラビア　保坂修司
中国激流 13億のゆくえ　興梠一郎
多民族国家 中国　王柯
国連とアメリカ　最上敏樹
東アジア共同体　谷口誠
ヨーロッパとイスラーム　内藤正典
現代の戦争被害　小池政行
帝国を壊すために　アルンダティ・ロイ 本橋哲也訳
多文化世界　青木保
デモクラシーの帝国　藤原帰一
パレスチナ〔新版〕　広河隆一
人道的介入　最上敏樹
異文化理解　青木保

ロシア市民　中村逸郎
ロシア経済事情　小川和男
南アフリカ「虹の国」への歩み　峯陽一
ユーゴスラヴィア現代史　柴宜弘
ビルマ「発展」のなかの人びと　田辺寿夫
東南アジアを知る　鶴見良行
獄中19年　徐勝
モンゴルに暮らす　一ノ瀬恵
チェルノブイリ報告　広河隆一
イスラームの日常世界　片倉もとこ
サッチャー時代のイギリス　森嶋通夫
エビと日本人　村井吉敬
バナナと日本人　鶴見良行
アフリカの神話的世界　山口昌男
韓国からの通信　T・K生 「世界」編集部編
この世界の片隅で　山代巴編

岩波新書/最新刊から

1957 **政治と宗教** ―統一教会問題と危機に直面する公共空間― 島薗進編

元首相銃殺事件が呼び起こした「政治と宗教」の問題をめぐる緊急出版。国際的視野からの比較も含めて、公共空間の危機を捉え直す。

1958 **いちにち、古典** 〈とき〉をめぐる日本文学誌 田中貴子著

誰にも等しく訪れる一日という時間を、見ぬ世の人々はいかに過ごしていたのだろう。描かれた「とき」を駆けめぐる古典入門。

1959 **医の変革** 春日雅人編

コロナ禍で医療は課題に直面し、一方AIなどの技術革新は変革をもたらす。日本医学会総会を機に各分野の第一人者が今後を展望。

1960 **法の近代** 権力と暴力をわかつもの 嘉戸一将著

法と国家の正統性をめぐって繰り返されてきた議論の歴史。そこにこそ、人間的な生を享受するため、私たちが論ずべきことがある。

1961 **ウクライナ戦争をどう終わらせるか** ―「和平調停」の限界と可能性― 東大作著

ウクライナ侵攻開始から一年。非道で残酷な戦争を終結させる方法はあるのか。国際社会、日本が果たすべき役割を検討する。

1962 **「音楽の都」ウィーンの誕生** ジェラルド・グローマー著

宮廷や教会による支援、劇場の発展、音楽教育の普及など、十八世紀後半のウィーンに音楽文化が豊かに形成されていく様相を描く。

1963 **西洋書物史への扉** 髙宮利行著

扉を開けば、グーテンベルクやモリスなど、本の歴史を作った人々が待っています。ようこそ書物と人が織りなすめくるめく世界へ。

1964 **占領期カラー写真を読む** ―オキュパイド・ジャパンの色― 佐藤洋一・衣川太一著

日本の黒い霧を晴らし、認識の空白を埋める、あざやかな色。占領者が撮影した写真を読み解き、歴史認識を塗り替える待望の一冊。

(2023.3)